A ESPIRITUALIDADE DOS
CONSELHOS EVANGÉLICOS

Dados Internacionais de Catalogação na Publicação (CIP)
(Câmara Brasileira do Livro, SP, Brasil)

Grün, Anselm
  A espiritualidade dos conselhos evangélicos /
Anselm Grün, Andrea Scharz ; tradução de Edgar
Orth. – Petrópolis, RJ : Vozes, 2021.
  Título original: Und alles lassen, weil Er mich nicht
lässt : Berufen, das Evangelium zu leben
  ISBN 978-85-326-6477-8
  1. Cristianismo 2. Espiritualidade 3. Evangelho
4. Vida espiritual I. Scharz, Andrea. II. Título.
III. Série.

09-02129   CDD-248

Índices para catálogo sistemático:
1. Conselhos evangélicos : Espiritualidade :
    Cristianismo   248

**Anselm Grün
Andrea Schwarz**

A ESPIRITUALIDADE DOS
CONSELHOS EVANGÉLICOS

Tradução de Edgar Orth

Petrópolis

Anselm Grün / Andrea Schwarz
© 2006, Verlag Herder Freiburg im Breisgau

Título original alemão: *Und alles lassen, weil Er mich nicht lässt – Berufen, das Evangelium zu leben*

Direitos de publicação em língua portuguesa, Brasil
© 2008, 2021, Editora Vozes Ltda.
Rua Frei Luís, 100
25689-900 Petrópolis, RJ
www.vozes.com.br
Brasil

Todos os direitos reservados. Nenhuma parte desta obra poderá ser reproduzida ou transmitida por qualquer forma e/ou quaisquer meios (eletrônico ou mecânico, incluindo fotocópia e gravação) ou arquivada em qualquer sistema ou banco de dados sem permissão escrita da editora.

Diretor
Gilberto Gonçalves Garcia

Editores
Aline dos Santos Carneiro
Edrian Josué Pasini
Marilac Loraine Oleniki
Welder Lancieri Marchini

Conselheiros
Francisco Morás
Ludovico Garmus
Teobaldo Heidemann
Volney J. Berkenbrock

Secretário executivo
João Batista Kreuch

Diagramação: Sheilandre Desenv. Gráfico
Revisão gráfica: Jaqueline Moreira
Capa: Érico Lebedenco

ISBN 978-85-326-6477-8 (Brasil)
ISBN 978-3-87868-616-3 (Alemanha)

Este livro teve uma primeira edição com o título *Chamados a viver o evangelho – A espiritualidade dos conselhos evangélicos*.

Editado conforme o novo acordo ortográfico.

Este livro foi composto e impresso pela Editora Vozes Ltda.

Sumário

Prefácio – Anselm Grün, 9
Prefácio – Andrea Schwarz, 11
Desacelerar, 13
Uma primeira observação para aqueles que desejam, 19
Os conselhos evangélicos, 23
Para que vossa alegria seja completa, 25
Solidariedade da cruz, 29
Só uma coisa conta, 33
Uma segunda observação ou prevenir-se de consequências e efeitos colaterais, 35
Deus é totalmente outro, 37

Capítulo I. Obediência – "Admitir", 39
    Calar-se para poder ouvir, 39
    Antes do falar o calar, 40
    Quem escuta com atenção não pode ficar sentado, 41
    Decidir-se pela vida, 42
    A importância da aceitação para as pessoas, 46
    Eu louvo o Senhor, 47
    Raramente claro, 49
    Não se chega por acaso aos 50, 52
    Ressurreição, 53
    Obediência, como aceitar, 54
    Bem quieto, 55
    A lei do amor, 56
    Acolhida, 58

Infinitamente agradecido(a), 59
Só um sonho?, 61
Obediência a uma pessoa, 64
Hoje à noite rezo por nós, 65
Em nome de Deus, 68
Amizade, 71
Transformação, 72
Obediência à vontade de Deus, 73
Mostra-me teu caminho e eu te seguirei com fidelidade, 73
Sexta-feira Santa, 75
Relatar à terra algo do céu, 77
Substituto, 78
Transição, 80
Às vezes não é tão fácil assim ser amado(a), 82
Movimentar as coisas a partir de dentro, 84

Capítulo II. Pobreza – "Abandonar", 87
Desafio, 87
Pobreza como abandono dos bens materiais, 88
Aprender a viver mais levemente, 89
Promessa, 92
Ser pobre tornar-se rico, 95
Sê bom para contigo porque Deus te quer bem, 97
Disposição para doar, 99
Tudo é graça, 100
Na verdade é bem diferente, 102
Política, 103
Vai então e negocia, 104
A pobreza como um abandonar das seguranças, 105
Tu estás comigo, 106
Dado de presente, 108
Pobreza como um abandonar da propriedade espiritual, 110
Porque eu acredito em ti, 110
Okay, okay, 113

Metade do verão, 115
Apaixonadamente, 116
Há momentos, 118
Segundo nascimento, 119
Vem, Espírito divino, 121
Pobreza como libertação de si mesmo, 122
Esperança inabalável, 122
Eu sou a uva, 123
O último "abandonar", 124
Em teu caminho, 126
History and Infinity, 127

Capítulo III. Castidade – "Entregar-se", 131
Lord, here I am – Senhor, aqui estou, 132
Libertado para a vida, 135
Decidir-se, 138
Para que estou no mundo?, 140
Você me cativou, 142
E eu cantarei na dança de roda, 144
E bem simplesmente feliz, 145
Let it go, 147
Aqui estou eu, 149
Uma pessoa de Deus, 151
Dedicar-se à comunidade, 151
Chamado?, 152
Resposta à resposta, 157
Entregar-se à fecundidade, 158
Amando-te e por ti ser amado(a), 158
Quase um grito, 161
Rega o que vai secar, 162
Doar-te livre, 163
Tu me consideras, 166
Tempo de amar, 167
Entregar-se ao amor, 169

Chamado sedutor, 169
Sobre o casamento, 170
O fascínio do começo, 171
Modesto, 173
Callas, 174
Allegro, 176
Entregar-se a Deus – Nascimento de Deus no ser humano, 177
Nascimento de Deus, 178
Somente então, 179
Magnificat, 181
Eu me apresento, 189
Bênção, 189

Citações bíblicas, 191

Prefácio

Anselm Grün

Fico feliz que os conselhos evangélicos interessem a tanta gente, de modo que se possa fazer uma nova edição desta obra. Andrea Schwarz e eu procuramos, desde a primeira edição, apresentar – ela como mulher que trabalha na Igreja e eu como monge conscientemente celibatário – a partir de nossas experiências os conselhos evangélicos de tal forma que todo leitor e toda leitora pudessem usá-los como pedra na construção de sua própria estrutura de vida. Nesse meio tempo, nossas experiências se aprofundaram e às vezes também mudaram. Os pontos principais tornaram-se outros. Assim, Andrea Schwarz reescreveu vários de seus textos para esta nova edição. Como os meus estavam calcados na tradição espiritual, ficaram como estavam. Contudo, queria neste prefácio à nova edição chamar a atenção para alguns pontos que hoje me parecem especialmente importantes.

Percebo em nossa sociedade um crescente desejo de orientação concreta de vida. Depois que, por longos anos, não se confiou mais tanto na tradição cristã, mas se procurou mais nas religiões orientais a sabedoria de vida, podemos hoje constatar uma mudança profunda. Muitas pessoas vão à procura novamente de suas raízes cristãs. Sentem que sua vida só pode crescer se estiver em relação com as raízes originais. Mas não querem ouvir doutrinas abstratas e, sim, orientações concretas de como a vida pode ter êxito. Os conselhos evangélicos são concretizações da arte cristã de viver. O próprio São Bento tem um capítulo especial sobre a *ars spiritualis*, a "arte espiritual", isto é, a arte espiritual de viver. A vida não tem sua realização sozinha. Há necessidade de certa habilidade para configurar nossa vida de tal forma a corresponder à nossa verdadeira natureza, à vocação de nossa vida. Muitas pessoas estão hoje ansiosas para aprender a arte cristã a fim de que sua vida seja feliz.

Percebo também um novo interesse na tradição dos monges. Os conselhos evangélicos não foram meditados tanto no monacato primitivo como nas Ordens Mendicantes emergentes. O amável São Francisco foi um dos primeiros que se empenhou pelos três conselhos evangélicos. Nele sentiam as pessoas que esses conselhos o transformaram totalmente e o encheram de amor. Gostariam de compreender o segredo de sua vida e o segredo de muitos homens e mulheres que seguiram os conselhos evangélicos. O que Jesus aconselhou a seus discípulos e discípulas para que sua vida fosse feliz, quer se tornar fecundo para a própria vida: gostariam de aprender no seguimento de Jesus uma cultura cristã de vida, que é a melhor alternativa para todos os projetos de vida que são recomendados pelos meios de comunicação atuais.

Gostaríamos, portanto, de passar para as leitoras e leitores as ideias que os conselhos evangélicos despertaram em nós, para que possam ter suas próprias ideias e encontrar seu caminho concreto de como ensaiar a arte da vida sadia e exitosa e tornar visível neste mundo sua cultura de vida proveniente da fé. O chamado para a vida, que nasce do evangelho, leva para uma cultura da alegria e da liberdade, do amor e da clareza. Uma tal formação da vida desejam as pessoas hoje. É e continua sendo um desafio para cada qual como vai descobrir a vocação de sua vida e como vai constituir a arte de viver.

Prefácio

Andrea Schwarz

Um amigo convidou muita gente para a festa de seu aniversário. Quando eu estava com um copo de champanha em algum lugar perto da porta, veio a mim uma jovem senhora e me pediu muito simpaticamente se podia lhe dar uma orientação. "Um curso? Sobre que assunto?", perguntou-me interessada. "Conselhos evangélicos", respondi, sem grande entusiasmo. "Até que enfim, alguém de um grupo autêntico", disse alegremente (diga-se de passagem que se tratava de uma festa bastante "católica"). Mas tive de desiludi-la: "Não! Evangélico não tem, nesse caso, nada a ver com confessional, mas com o evangelho". – Ela pensou um pouco e depois falou: –"Conselhos evangélicos – deles existem quatro, ou? – "Pois sim", disse eu, "isto são os evangelistas Lucas, Mateus, Marcos e João. Os conselhos evangélicos são obediência, pobreza e castidade". Encarou-me seriamente por alguns instantes, deu um passo atrás e disse: "Mas isto soa muito desagradável".

"Os conselhos evangélicos têm de ser traduzidos de forma nova; têm de ser traduzidos de forma nova para a vida hodierna dos leigos em seu dia a dia..." Assim escrevi no texto introdutório da primeira edição há dez anos. O livro e as ideias nele contidas fizeram sua trajetória – ficou como livro-padrão sobre o tema no âmbito alemão, foi reimpresso várias vezes e também traduzido para o holandês, espanhol e italiano.

Por algum tempo, o livro esteve esgotado – mas sempre havia procura dele. O interesse levou a editora a oferecer a um preço razoável a nova edição deste "clássico" ao tema em questão. E isto naturalmente fez com que os autores se perguntassem o que deveriam eventualmente mudar no que haviam escrito.

Os textos de Anselm Grün foram escritos naquela época com muita fundamentação em sua visão dos conselhos evangélicos – e essas ideias escapam de correntes cronológicas e tendências modernas.

Mas a maneira como traduzi suas ideias para o "aqui e agora" em meu dia a dia esteve bem ligada ao tempo. As minhas ideias estão marcadas pela situação da Europa de trinta anos atrás, pela situação da Igreja e, naturalmente, não por último, por minha situação pessoal. Nesse meio tempo, tendo completado cinquenta anos, a mensagem dos conselhos evangélicos continua válida para mim – mas eles são vividos de modo diferente do que há uma década. Por isso a pergunta da editora foi para mim também um desafio: como transponho essas ideias para a minha vida hoje, após dez anos? Sem dúvida, há diferenças, pois a experiência de dez anos não passa despercebida por mim como pessoa e nem como autora.

E assim esta nova edição tornou-se para mim uma atividade empolgante – o texto de Anselm Grün permaneceu tal e qual, mas o que ele me diz hoje? Como eu o interpreto para a minha vida, passados dez anos?

Antes, como também agora, não é um livro que quer ser definitivo e final, mas um começo. Os textos são preâmbulos, querem ser estímulo, convite para o caminho. Nada mudou quanto às formulações básicas, nem quanto à intenção de desvendar o que os conselhos evangélicos têm a ver propriamente com a vida de cada um.

Desacelerar

O que está acontecendo
com nosso mundo?
o que está acontecendo
com nossa época?

sempre mais
sempre melhor
sempre mais rápido

mais rápido
melhor
mais

mais alto
mais frenético
mais estressante

ainda uma ideia
ainda um prazo
ainda uma atividade
ainda um plano
ainda uma reunião
ainda um grêmio
deitamos tortos

seguros enfim
até a morte é assim

empanturramo-nos
de imagens e impressões
barulhos e pressa

e fazer
e fazer
e agir

nós nos esforçamos
nós nos esforçamos mais
– mesmo assim nada muda

portanto
agir ainda mais
e fazer ainda mais

ainda melhor
ainda mais rápido
ainda mais?
ainda mais
da mesma coisa

não parece
ser o caminho
que satisfaz nosso desejo

bem ao contrário
uma surda desconfiança
me espreita

poderia ser
que nós
tivéssemos perdido
reprimido
o essencial

que tivéssemos cortado
nossas raízes
abandonado nosso chão
aterrado as fontes?

poderia ser
que por causa disso
nós fazemos tanto?

poderia ser
que não aguentamos
mais as perguntas
e por isso damos respostas tardias?

poderia ser
que não suportamos mais o vazio
e por isso nos
enchemos de imagens e palavras?

poderia ser
que não suportamos mais o silêncio
e por isso nos tornamos tão barulhentos?

poderia ser
que nós mesmos já não nos suportamos
e por isso nos dirigimos tanto para fora?

poderia ser
que de tanto estar a caminho
tenhamos perdido de vista a meta?

poderia ser...

talvez
seja agora
anunciada
outra coisa

talvez
tenhamos de romper
o círculo vicioso
do ativismo
da produção
do fazer

para encontrar
aquilo que realmente procuramos
a fim de que nosso coração repouse
nosso desejo se acalme

talvez seja agora
hora de dizer parar
diminuir a velocidade

ir mais devagar
orientar-se de modo novo
traçar o caminho novo

talvez se anuncie
que é hora de despedir-se
da fé no ativismo

no estar-convencido
"tudo depende só de mim"
de acreditar nos ídolos
poder
posses
produção
talvez
se anuncie
o deixar,
o abandonar

desprender-se
do importante à primeira vista

desprender-se
das expectativas
imagens
ideias

para olhar de modo novo
escutar
entregar-se
no fluir
da vitalidade

no amor
de Deus

para ser
novo
para tornar-se
novo.

Uma primeira observação para aqueles que desejam*

Já faz tempo que os conselhos evangélicos me vêm ocupando; são as diretivas de viver em "obediência, pobreza e castidade". Alguma coisa neles me fascina: seja a radicalidade e o desafio, seja a determinação ou talvez também o inusitado e o desconhecido. E eu espero que, apesar de toda estranheza, possa estar neles escondido um tesouro que me sustenta e me permite conformar minha vida e meu dia a dia num sentido bem cristão e espiritual. Mas isto vai significar: libertação para uma vida em plenitude, para uma vida em autenticidade, totalidade – libertação para mim mesmo(a).

Tradicionalmente, esses conselhos evangélicos têm seu lugar sobretudo nas comunidades religiosas – quem quer entrar numa comunidade dessas obriga-se a observar essas prescrições de vida. Mas a tradução concreta dos conselhos evangélicos para a vida cotidiana, como eu a presenciei em alguns mosteiros e conventos, deu-me a impressão de às vezes ter bem pouco a ver com libertação de vida. Obediência não pode significar abdicação da própria consciência pobreza não pode significar nunca mais degustar nada e castidade não pode ter algo a ver só com abstinência sexual.

---

* O texto de Anselm Grün foi escrito originalmente de forma contínua. Entre os vários capítulos, os editores inseriram textos de Andrea Schwarz.

Às vezes encontro uma freira, ou um monge nos quais posso acreditar. Deles emana uma força à qual posso me confiar de boa-fé. Dizem o que são – e são o que dizem. Muitas vezes são pessoas bem fascinantes que despertam em mim o desejo: um desejo por aquilo que não sou, um desejo de tornar-me são e salvo, de ser incólume, chegar à paz interior, ser protegido, sustentado, mantido. Acredito que a atração que tais pessoas exercem provém inclusive de uma compreensão libertadoramente vivida dos conselhos evangélicos.

Os conselhos evangélicos são uma "sabedoria antiga", que sobreviveu e sobrevive a muitas gerações humanas. E mesmo que alguma tentativa concreta de torná-los mais libertadores de vida tenha fracassado, isto em nada lhes tira sua força e verdade específicas. Se esses valores sobrevivem a muitos séculos e ainda hoje exercem tal fascínio que homens e mulheres a eles se obriguem, então deve haver algo mais por trás disso. Então, há qualquer coisa de verdade neles.

E eu fico curiosa – eu como mulher, com isso também como "não-eclesiástica", não ligada a nenhuma ordem religiosa, em meio a um dia a dia exigente com todas as suas cargas e esforços, suas alegrias e surpresas, com prazos e reuniões, com toda sua rotina diária mais ou menos chata. E ali existe o desafio da "obediência, pobreza e castidade" como provocação e insegurança. Mas aqui existe também o pressentimento do caminho para uma constituição bem-sucedida de vida que libertará as pessoas para uma vida em plenitude. A mim me atrai a provocação, o desafio dos conselhos evangélicos, seduz-me sua promessa – e eu penso: se quisessem ser ajuda para a vida, não deveriam estar reservados apenas para pessoas de ordens religiosas. Mas então os conselhos evangélicos devem ser traduzidos de forma nova – para os dias de hoje, para a vida dos leigos em seu dia a dia. Minha curiosidade e meu desejo foram despertados – e assim comecei a procurar o que querem e podem dizer para nós, pessoas de hoje, os conselhos de "obediência, pobreza e castidade".

Certa ocasião, ao escrever este texto, ocorreu-me o tríptico de "tolerar, deixar, me entregar" – talvez uma reação inconsciente a todo nosso fazer e agir na Igreja e na sociedade, a todo nosso ativismo. Eu simplesmente abri espaço para estas palavras – e achei que isto poderia ser um caminho para redescobrir a riqueza dos conselhos evangélicos e desenvolvê-los para o dia a dia. A partir do pensar, experimentar, falhar, agir e orar veio também um escrever – e do escrever, veio a ideia de um livro.

Esta "representação" poderia facilmente cair no perigo de dar muito espaço às próprias ideias e desejos. Interpretar as tradições no interesse próprio, esquecer a história por causa da novidade. Por isso, fiquei feliz quando Anselm Grün, um sacerdote beneditino de Münsternschwarzach, dispôs-se a colaborar nesta reflexão e neste escrito.

Este livro tornou-se então um timbre de mais de uma voz: pensamentos meus, inspirados, apoiados, acompanhados por declarações de Anselm Grün – ideias dele, condensadas em textos por mim, muitas vezes coisas comuns, outras vezes diferentes. O trabalho conjunto foi para mim não convencional, espontâneo e intenso – e me fortaleceu em meu caminho.

Esse diálogo vai manifestar-se também no estilo: as contribuições de Anselm Grün são de um estilo próprio. Mas não quisemos distinguir as contribuições de um e de outra – o livro é "comum", mesmo que cada qual tenha escrito sua parte. Por causa deste trabalho conjunto, tornou-se um livro de diálogo – fala e resposta, pergunta e dúvida, convicção e certeza. Tornou-se um livro denso. Talvez possa tornar-se para você um companheiro de jornada por mais tempo e auxiliar de reflexões.

Não podemos nem queremos dar receitas de vida – e não podemos tirar-lhe o árduo trabalho de "andar com os próprios pés". Mas, quem sabe, uma ou outra ideia pode confirmá-lo(a) em seu caminhar, questionar o que se tornou por demais convencional, dar-lhe coragem e prazer para o próximo passo. Isto já seria muito.

Os conselhos evangélicos

Foi só na Idade Média que se começou a falar dos três conselhos evangélicos: obediência, pobreza e castidade. Na Igreja primitiva existiu uma vasta corrente para viver mais intensamente o ser cristão individual, levar adiante em sua vida pessoal o testemunho dos mártires. Foi sobretudo o movimento monacal que queria seguir Cristo de forma radical. Engrandecida por Tomás de Aquino, foi então desenvolvida uma teologia própria dos conselhos evangélicos. Confrontava-se com a lei que todo cristão tinha de observar o conselho de Cristo, que era um caminho da graça. Aqui é sempre bem lembrado Santo Ambrósio, bispo de Milão, do qual é a célebre frase: "Aos servos se dão ordens, mas aos amigos, conselhos. Onde há ordens, impera a lei; onde há conselho, impera a graça".

Para que vossa alegria seja completa

*Como o Pai me amou,
assim também eu vos amei.
Permanecei no meu amor. Se
guardardes os meus mandamentos,
permanecereis no meu amor, como eu
também guardei os mandamentos de
meu Pai e permaneço no seu amor.
Disse-vos estas coisas para que minha
alegria esteja convosco, e a vossa
alegria seja completa. Este é o meu
mandamento: amai-vos uns aos outros
como eu vos amei. Ninguém tem maior
amor do que aquele que dá a vida por
seus amigos. Vós sois meus amigos, se
fizerdes o que vos mando. Já não vos
chamo escravos, porque o escravo não
sabe o que faz o seu senhor. Eu vos
chamo amigos porque vos dei a
conhecer tudo o que ouvi de meu Pai.
Não fostes vós que me escolhestes, mas
fui eu que vos escolhi. Eu vos destinei para
irdes dar fruto e para que vosso fruto*

> *permaneça, a fim de que o Pai vos dê tudo o que pedirdes a Ele em meu nome. É isto que eu vos mando: que vos ameis uns aos outros.*
> Jo 15,9-17

Segui-lo
ouvir suas recomendações
ficar em seu amor
estar nele

deixar que esteja em mim
deixar ser amada
voltar-me para Ele
ser amiga

abrir-lhe as portas
largar tudo
confiar-me a Ele
estar ligada
abrir-me
pôr-me a caminho
ir atrás
estar pronta
produzir frutos
florescer e amadurecer
entregar e deixar
ser viva
pedir e tornar-me
ser e fazer
nele e com Ele
e através dele.

No monacato primitivo só se conhecia o caminho da obediência. São Bento exige de seus monges que na profissão jurem obediência ao abade, que prometam a conversão para o caminho interior e a perseverança neste caminho. Só com São Francisco surge a tríade dos conselhos evangélicos: "obediência, pobreza e castidade". Esses três votos eram chamados de conselhos evangélicos porque eram encontrados no evangelho. Jesus fala de que algumas pessoas se tornam "incapazes para o casamento" por amor ao Reino dos Céus (Mt 19,12). Isto não é uma ordem, mas um conselho que alguns seguem. E logo a seguir, Jesus sugere ao jovem rico abandonar tudo e segui-lo (Mt 19,21). Isto não é uma exigência que Jesus faz a todos, mas um conselho que Ele dá concretamente a este jovem. Para este homem, o caminho da perfeição, o caminho da verdadeira vida, teria sido o caminho da pobreza. O conselho da obediência vemo-lo representado na vida do próprio Jesus, que se tornou obediente até a morte (Fl 2,8). No Monte das Oliveiras, Jesus sai vencedor ao ouvir o Pai, em fazer a vontade daquele que o enviou (cf. Jo 6,38).

Na Idade Média só se aplicavam os conselhos evangélicos ao estado da vida religiosa consagrada e ali se desenvolveu a doutrina do estado da perfeição. O Concílio Vaticano II questionou esta doutrina. Fala que os conselhos evangélicos valem para todas as pessoas e não só para os religiosos e sacerdotes. Teólogos de hoje procuram nesses três conselhos evangélicos uma cultura de vida correspondente ao evangelho, que vale para todos os cristãos, conforme sua posição nas mais diversas formas. Paul M. Zulehner, por exemplo, vê nos conselhos evangélicos uma contraposição aos três desejos primitivos do ser humano: poder, riqueza e sexualidade.

Mas os conselhos evangélicos não só indicam como podemos, em nosso relacionamento com Deus, viver intensamente segundo o evangelho e dirigir nosso desejo mais profundo para

Deus. Mas neles está também uma tarefa política, uma missão profética para o nosso mundo, que "liberta para um serviço não opressor aos que ficaram pobres. O celibato significa então voltar-se exatamente para aqueles que têm pouco prestígio; obediência significa fazer-se forte para aqueles que se tornam vítimas da injustiça que clama aos céus, que (como Moisés) se deixam usar por Deus em favor dos oprimidos (Ex 3,10); pobreza significa, então, partilhar a vida dos pobres, para em sua proximidade, estar mais próximo de Deus" (Paul M. Zulehner).

Solidariedade da cruz

O Espírito do Senhor está sobre mim, porque Ele me ungiu para anunciar a boa-nova aos pobres, enviou-me para proclamar aos aprisionados a libertação, aos cegos a recuperação da vista, para pôr em liberdade os oprimidos, e para anunciar um ano da graça do Senhor.
Lc 4,18-19

Tu para mim
como é grande o amor*

Tu entras
em minha
vida

Tu acompanhas
meu caminhar

Tu assumes
em teus ombros
minha cruz
Tu para mim

---

* Esta citação "Tu para mim – como é grande o amor" foi tirada do hino que acompanhou a via sacra do Dia Mundial da Juventude na Alemanha. Texto de Kathi Stimmer-Salzeder.

como é grande
o amor

eu te deixo
penetrar
em minha vida

eu sigo atrás
nos caminhos
por onde andas

eu fico parado
diante da cruz
de teu amor por mim

eu diante de ti
nos rastos
do amor.

Os três conselhos evangélicos "obediência, pobreza e castidade" (pureza, celibato) apresentam atitudes básicas que dão à nossa vida um novo sabor, podendo ser condimentado com o evangelho. Para mim, esses conselhos indicam três atitudes básicas, imprescindíveis para a autorrealização da pessoa. Entendo a obediência como permitir, aceitar e perceber; a pobreza como deixar (no sentido de abandonar) e ser livre; e castidade como entrega, deixar-se ficar ao critério de Deus, numa atitude de disponibilidade, como um apresentar-se a Deus, para nele e por Ele produzir fruto. Também a sequência é determinada por esta compreensão. Primeiro o permitir (admitir), depois o deixar (abandonar) e finalmente o entregar, para assim ser um com Deus e consigo. Nessa conformação básica, "permitir – deixar – entregar-se", vamos topar sempre e inevitavelmente com a autorrealização da pessoa. No movimento respiratório trata-se de admitir, abandonar, entregar. Na respiração correta podemos treinar nossa realização pessoal. Dessa tríade trata-se também na Eucaristia. Na celebração da palavra de Deus, temos o admitir. No ato penitencial também se trata de admitir nosso lado sombrio e nossa culpa, na leitura e no evangelho temos o admitir de nossa dignidade divina. Na preparação das ofertas e na consagração praticamos o abandonar, quando com Cristo nos deixamos cair nas mãos de Deus. E na comunhão nos entregamos totalmente a Deus, a fim de nos tornarmos um com Ele. Isto acontece também em toda terapia. Primeiro, o cliente deve admitir o que encontra dentro de si, sem fazer avaliação, aceitar-se em sua realidade total, reconciliar-se com seu passado e com suas feridas. Só quem consegue aceitar-se pode também se soltar. Só posso soltar o que admiti e aceitei. E quando eu me soltar, me tornar livre da crispação do eu, posso também entregar-me a outro alguém, posso oferecer-me a Deus e nele abrir-me para minha verdadeira forma, abrir-me para aquilo que gostaria de crescer e florescer em mim. Entregar refere-se tanto a uma pessoa, a Deus, ao qual me entrego, como também a um processo: eu me entrego ao tornar-se de minha verdadeira forma.

Algumas pessoas veem, nesse tríplice deixar, um caminho muito passivo. Mas trata-se sempre de um deixar por amor ao Reino dos Céus, de um deixar a fim de fazer lugar para Deus em mim e neste mundo. A dimensão política não pode ser excluída. Nós nos abandonamos para que Deus possa dominar neste mundo em nós e por meio de nós, para que possa transformar este mundo segundo a sua promessa.

Se uma pessoa abandona um reino ou um mundo inteiro, mas conserva a si mesma, não abandonou nada. Se, no entanto, a pessoa abandona a si mesma, abandonou tudo, mas conserva riqueza, honra ou o que mais seja.
Mestre Eckhart

Só uma coisa conta

O Reino dos Céus é semelhante a um tesouro escondido num campo. Quem o encontra esconde-o de novo e, cheio de alegria, vai vender tudo o que tem e compra o campo.
Mt 13,44

Pressentir
romper
procurar

cavar
tornar-se palpável
ir às profundezas

arriscar
achar
guardar
valorizar
proteger
apropriar-se
tornar-se essencial
decidir-se

ser consequente
e
abandonar tudo
porque Ele
não nos abandona.

Uma segunda observação ou previnir-se de consequências e efeitos colaterais

De vez em quando caímos na tentação de improvisar um deus doméstico para nós, de domesticar a radicalidade desse deus às vezes tão estranho e torná-lo manipulável. Às vezes utilizamos esse deus para justificar nossa própria concepção de vida, às vezes para podermos viver um pouco mais sossegados. Fazemos dele uma espécie de seguro de vida espiritual, cremos no cumprimento do dever e da respectiva recompensa.

Isto não pode ser assim. Isto torna Deus pequeno, restringe-o às nossas limitadas concepções humanas. Nós possuímos Deus, nós temos o controle, somos donos ou donas da situação – e permitimos que Deus seja um bom homem. Útil, prático, gentil...

Se eu realmente aderir a um Deus assim, as coisas ficam radicais, existenciais. Minha vida entra em rebuliço, vejo tudo de outra perspectiva e posso dizer "adeus" à minha aconchegante lareira.

Se eu aderir a este Deus, Ele me tira da comodidade e sedentariedade, vai deixar-me apátrida e a caminho, promete aventura e vida em plenitude.

Mas isto pode às vezes ser bem cansativo. Aderir a este Deus significa choque. Nada mais fica como antes. No entanto, algo, que é maior do que meu medo, me atrai. Acredito na promessa, espero na realização, entrego-me à vida.

Sou desejo, e sei que a vida não pode e não vai satisfazer este meu desejo. Sofro por causa disso – contudo, este desejo me ensina também a procurar, a estar atento, a perguntar, a esperar. "Buscai e achareis" (Mt 7,7). A promessa vale – mas nunca se diz o que vou achar. O que acontecerá se eu encontrar outra coisa diferente do que procuro? Isto é o risco do caminho – a aventura de Deus... – confio realmente nesta promessa?

Quem procura está aberto para o outro. Quem procura não pensa já ter encontrado; quem procura arrisca-se a si mesmo. E isto pode perpassar a pele, por tornar-se doloroso – mas também traz realização, força, confiança. Um caminho empolgante – apesar disso: que se advirta contra efeitos colaterais e consequências...

Deus é totalmente outro

Deus não é simpático,
Deus não é um tio,
Deus é um terremoto.
Um rabi (apud Richard Rohr).

Esqueça
todos os adjetivos

queime
todas as imagens

não o fixe
por escrito
não confie
em nome algum

não
regateie

não faças contas
com o incalculável

despeça-se de suas expectativas
e deixe surpreender-se

dê espaço a seu desejo
mas não lhe ponhas agrilhões

todas as tentativas de improvisar
um deus doméstico para você são vãs

Deus é
bem diferente

mas Ele o(a) procura
se você se deixar encontrar

Ele o(a) encontra
se você o procurar.

CAPÍTULO I

Obediência
"Admitir"

Na obediência trata-se de admitir quem eu sou, como me tornei, o que existe em mim. Trata-se de admitir que eu, como pessoa, dependo de outras pessoas, que vivo em relacionamento, sob ordens que me foram dadas, que não devo apenas ouvir a mim mesmo, mas também aos outros para poder trilhar meu caminho e estar aberto às exigências e desafios da época. A obediência tem um aspecto positivo, um ouvir os sinais dos tempos do qual nasce então a disposição de engajar-se em prol deste mundo e combater tudo o que impede a vida. Obedecer a Deus significa muitas vezes ir contra o usual, o reconhecido e aceito em geral. Obedecer a Deus pode significar protestar quando há pessoas que se fecham à voz de Deus e se comportam neste mundo a seu bel-prazer. Obedecer mais a Deus do que aos homens pode levar-nos à resistência como nos mostrou, por exemplo, Dietrich Bonhoeffer no "Terceiro Reich". E pode custar-nos a cabeça se não nos conformarmos aos padrões deste mundo e ouvirmos de preferência a voz de Deus.

Calar-se para poder ouvir

Obediência significa prestar atenção e ouvir com cuidado para então agir de acordo.

O ouvir com atenção pressupõe o calar-se. Enquanto eu mesmo estiver falando, não consigo escutar. Significa propriamente ficar quieto e vazio para deixar-me encher por coisa nova. Quem não fala nada e, assim mesmo, está cheio de palavras, imagens, impressões, esta pessoa não consegue calar. Por isso é necessário que haja também lugares e tempos em que se possa falar e relatar: a amigos, talvez a algum assistente profissional, a Deus.

Sou exortado, ao mesmo tempo, a abrir em mim espaço para o silêncio – tempos em que seja possível ouvir, deixar de lado meu ativismo, meu agir e fazer.

Escutando em silêncio, posso avaliar palavras e sons, assumir-me e referir-me a mim mesmo. Não é um emudecimento, mas um acolhimento, um dedicar-se, um expor-se. Eu admito e me arrisco. Eu escuto com atenção para ouvir *aquilo*, para deixar penetrar em mim *aquilo*, para fazer *aquilo* que este Deus quer de mim e comigo; para "obedecer".

Antes do falar o calar

> *No dia do juízo*
> *cada um deverá prestar contas*
> *de qualquer palavra inútil*
> *que tiver falado.*
> Mt 12,36

Palavras são
preciosas
importantes
valiosas

não as perca
pare
antes de falar

deixe que
cresçam em você
antes que você as solte

doe-lhes o silêncio
para que possam vir a ser
acredite nelas
para que possa pronunciá-las com convicção

concentre-se
fique em você
torne-se substancial
limite-se

a força se concentra
no pouco
perde-se
no muito.

Quem escuta com atenção não pode ficar sentado

O chamado de Deus, sua voz só pode penetrar num tal silêncio, num tal ouvir. Deus pode soar em mim forte/suavemente através de uma ideia-relâmpago, de um ser-tocado, de um conhecimento, de uma pergunta ou de uma resposta. E quem ouve este Deus já não consegue ficar quieto. Quem ouve o chamado é chamado para uma tarefa específica, para seu serviço específico.

Quem chega ao silêncio ouve, além de seu chamado próprio, o grito e a necessidade das pessoas. Ouve a queixa suave da velhinha em sua solidão, ouve o grito das pessoas torturadas, que são supliciadas com eletrochoques nas partes genitais, ouve o choramingar da criança faminta, a pergunta desesperada da pessoa contagiada pela Aids, o luto da jovem esposa que perdeu seu amado marido numa guerra estúpida. E quem ouve neste sentido levanta-se, vai ao encontro das pessoas, protesta, empresta sua voz àqueles que se tornaram sem voz – ou que foram forçados a não ter voz. Quem ouve as vozes do povo não pode ficar sentado, levanta-se em favor daqueles em prol dos quais ninguém se levanta.

Quem chega ao silêncio ouve também o gemer e o queixar-se da criação, o choro dos riachos e rios violentados, o grito dos ratinhos e macacos nos laboratórios experimentais, o calar das árvores nas florestas. Não ficará inativo, tomará posição pela criação, será a favor da natureza ameaçada.

Quem ouve com atenção coloca-se diante de Deus, da vida, das pessoas e de si mesmo.

Decidir-se pela vida

Tenho para mim que os sofrimentos da vida presente não têm comparação alguma com a glória futura que se manifestará em nós. Com efeito, o mundo criado aguarda ansiosamente a manifestação dos filhos de Deus. De fato, as criaturas estão sujeitas a caducar, não voluntariamente, mas pela vontade daquele que as sujeitou, na esperança de serem também elas libertadas do cativeiro da corrupção para participarem da liberdade gloriosa dos filhos de Deus. Pois sabemos que toda a criação até agora geme e sente dores de parto.
Rm 8,18-22

Às vezes
viver
pode ser
bem miserável

uma senhora idosa e frágil,
entregue, desamparada, aos cuidados médicos
um rapaz muito jovem
novamente recusado a um emprego
o isolamento num casamento
quando o cônjuge vive
numa vida afastada
a jovem
involuntariamente grávida
e ainda na escola
não sabendo mais como prosseguir
toma pílulas soníferas
o homem velho
relegado pelos próprios filhos
diagnóstico de câncer
e ainda havia tantos planos pela frente
aborto na 14ª semana
e a alegria havia sido tão grande
morte solitária
e cheia de medo
três crianças e a moradia pequena demais
e o marido não paga
a morte das pessoas
que eu amo
a criança pequena
tratada com brutalidade
não ir mais embora de noite
porque a cor da pele é escura demais

a vida perfeita
só existe na televisão
e nos jornais
nos impressos a quatro cores
e nos papéis de alto brilho
a realidade
parece diferente

às vezes viver
pode ser bem miserável
e toda miséria
dói
toda miserabilidade
é difícil

para cada um
chega mais cedo ou mais tarde
o ponto
em que não se acredita mais na vida
em que não se pode
mais acreditar na vida
em que não se quer mais acreditar

e não há muito para se dizer sobre isso
é assim

e nisto estamos em boa companhia
houve alguém
que foi pregado sem piedade na cruz
Ele gemeu, sangrou, gritou
foi abandonado pelos amigos
foi ridicularizado e escarnecido
morreu miseravelmente

Ele conhece tudo
o que nós conhecemos
Ele viveu tudo
o que nós vivemos
Ele perguntou
assim como nós também perguntamos
meu Deus, meu Deus,
por que me abandonaste?

E desde então sabemos
que não estamos sozinhos
em nossa miséria
que alguém entrou
em nossa miséria
que alguém a tomou sobre si
para estar bem próximo de nós
exatamente quando
ninguém se compadece de nós

e Ele nos mostrou
que a miséria
não tem a última palavra
e nos mostrou
que a morte
perde o jogo para a vida
Ele rompeu
os limites da miséria

Ele penetra na necessidade
e nos toma pela mão
e caminha conosco para a vida
para uma vida

que conhece a morte
mas que é mais forte
que toda morte

a morte tem muitos nomes
a vida só tem um
mas este nome
é maior que todos os nomes
e este nome significa
que Deus quer a vida
a despeito de todas as mortes

Deus
é aquele
que se compadece de nossa miséria
que assume a morte
a fim de tomar-nos pela mão
e conduzir-nos para a vida

Ele é a decisão
pela vida
para uma vida
que conhece a morte
e que vive
apesar de
todas as misérias.

A importância da aceitação para as pessoas

De acordo com sua natureza, o ser humano é um receptor, um aceitador. Antes de tornar-se ativo no exercício de funções, precisa primeiro fazer um reconhecimento do mundo que lhe é destinado e aceitá-lo. Precisa admitir o que existe. Precisa consentir que aquilo que existe antes dele seja assim como é.

O intelecto humano depende do fato de receber impressões e imagens através dos sentidos. No intelecto não há nada que antes não tenha estado nos sentidos, diz Tomás de Aquino. O intelecto só se torna ativo quando os sentidos lhe fornecem alguma coisa. E os sentidos só podem oferecer aquilo que captaram anteriormente.

O ser humano, portanto, só pode conhecer se proporcionar ao mundo acesso aos seus sentidos, ao seu pensar, se permitir que entre nele alguma coisa estranha. O mundo lhe é dado previamente. Mas não basta apenas constatar o que está à disposição. O ser humano precisa deixar que o mundo venha a ele, precisa franquear-lhe o ingresso; precisa criar condições para que o mundo se mostre e se revele a ele.

Eu louvo o Senhor

Vinde! Vamos inclinar-nos e prostrar-nos,
fiquemos de joelhos diante do Senhor
que nos fez.
Sl 95,6

Grande és Tu, ó meu Deus!
maravilhosas são tuas obras
poderoso o teu agir
e eu não me canso de admirar

sol e lua conhecem seu caminho
o grão de trigo sabe qual é sua espécie
o riacho faz o seu percurso
as nuvens caminham pelo céu

as pessoas riem e choram
agem e deixam de agir
falam e ouvem
vivem e morrem

eu estou com vida
escuto e faço silêncio
eu toco e sou tocado(a)
eu vejo eu admiro eu sinto sabor eu amo

Tu te ofereces e confias em mim
Tu me convidas e Tu te dás
permaneces pergunta e resposta
és exigência e desafio

em minha admiração
torno-me atento(a)
diante de tua grandeza
posso dobrar os joelhos

a ti
posso entregar-me
diante de ti
posso prostrar-me

Tu
és
meu
Deus.

    Sua natureza recebedora só chega à sua perfeição quando o ser humano aceita o mundo como ele é. Quem não quer ver o mundo como ele realmente é vai estar em constante conflito com ele e nunca chegará à união consigo mesmo(a). Isto se manifesta de maneira extremada na pessoa esquizofrênica; ela se recusa a aceitar este mundo como ele é e prefere refugiar-se em seu mundo ilusório. Todo conhecimento científico depende do fato de observarmos com exatidão a realidade e de a aceitarmos como ela é. Uma pessoa que deseja um mundo diferente daquele que existe só porque ele é contrário à sua vontade vai estar em constante desavença consigo mesma e com seu mundo ambiente.

Por isso, aceitar o mundo como ele é não é só decisivo para o conhecimento da verdade, mas também para a autoexperiência e o conhecimento do tipo básico da pessoa. Quem não quer perceber também não pode admitir o que existe. A pessoa precisa observar, aprender a perceber para que conheça. O princípio "eu só posso mudar o que eu aceitei (admiti)" vale também para nosso relacionamento com o mundo. Só podemos mudar este mundo se nos reconciliarmos com ele, se permitirmos que ele seja como é.

Raramente claro

Surgem brotos sob as folhas.
As pessoas chamam isto de outono.
Hilde Domin

Um dia
vai cair a cortina

um dia
será a última vez

um dia
não haverá mais manhã

assim
como foi certa vez

e começou
ontem
e quer-me
hoje

e talvez será
assim ainda amanhã

mas
vai terminar
e torna o agora
muito precioso

e

eu morro
para dentro do começo

vivo a mim
ao encontro da despedida

e eu
aprendo

cada dia
a morrer de novo

e cada dia
a começar de novo

e morro para mim
ao encontro da primavera.

Sabemos pela psicologia como é importante a autoaceitação para o amadurecimento pessoal. A recusa da autoaceitação é a causa da maioria das doenças psíquicas. Muitas vezes, a pessoa é impedida em sua autoaceitação pelos próprios pais que sempre lhe dizem que ele(a) é imprestável, ou pelos professores, superiores ou amigos que lhe passam a ideia de que ele(a) nada consegue e por isso é inútil.

Normalmente a autoaceitação só acontece quando se experimenta suficiente aceitação. Algum dia precisarei aceitar-me, deixando de empurrar a culpa para os outros. Qualquer dia deverei assumir a responsabilidade por meu passado e dizer sim ao que foi, admitir que assim tenha sido.

Mas não nos compete julgar as pessoas que não conseguem aceitar-se. Não sabemos se nós teríamos agido de forma diferente se tivéssemos crescido sob condições semelhantes. Mas para nós não deve haver nenhum motivo de recusa da autoaceitação. De cada vida é possível fazer alguma coisa. O passado, com suas belas vivências, mas também com todas as minhas feridas, é o material que eu posso trabalhar. De cada matéria é possível fazer uma bela figura: da argila, da pedra, da madeira. Mas devo dedicar-me ao material e possivelmente admitir que chegue a mim outro material. Posso assim fazer surgir do passado uma figura que seja única e útil, que manifeste neste mundo algo de Deus de uma maneira própria e específica. Só preciso dizer sim, que meu passado concreto é o material com o qual tenho de trabalhar, através do qual posso expressar minha mensagem pessoal que só eu posso comunicar a este mundo.

Não se chega por acaso aos 50

> *Em mim encontra-se escondida uma ideia.*
> Hermann Hesse

Um novo passo na vida
despedida e começo
e eu de alguma forma
no meio

naturalmente
eu poderia ficar parada
deixar que tudo passasse
e fazer como se não houvesse nada

mas apesar disso há alguma coisa
o velho se despede
e o novo se anuncia
torna-se diferente

a realidade se modifica
já não tenho 20 anos
tenho de me procurar novamente
e talvez me encontrar

mas talvez seja esta precisamente a chance
de ver a perda como ganho
o novo como complemento
o outro como enriquecimento

e eu
me decido

ser curiosa
tornar-me
ficar
até à morte.

A aceitação de mim mesmo(a) exige antes de tudo que eu aceite minha natureza de pessoa humana. Devo concordar que sou constituído(a) de um corpo e de uma alma, que sou finito(a) e mortal, que sou um ser sexuado, que sou uma existência social, dependente de outras pessoas, inserida na grande comunidade dos seres humanos. Tenho de admitir que sou criatura e não meu próprio criador, que dependo de Deus, dependo do criador que me conserva com vida.

Tenho de admitir também meu ser como pessoa concreta. Assim como sou agora, assim me tornei através de outras pessoas, através de fatos que eu não escolhi, através de acasos e condicionamentos históricos. É a minha história pessoal. Não sei por quê aconteceu assim. Tenho de percebê-la e aceitá-la. Isto não é tão óbvio como pode parecer. Muitas pessoas não conseguem perdoar a Deus por Ele as ter feito como são e porque as colocou neste meio ambiente de cunho tão negativo.

Ressurreição

Isto só é possível
conosco
e não contra nós
como pode alguém ressuscitar
se nós não lhe permitimos
que ressuscite

como poderá alguém
chamar-nos à vida
se nós não queremos viver

como poderá alguém convidar-nos
para a ressurreição contra a morte
se isto nos for indiferente

como poderá alguém animar-nos para a vida
se nós nos damos por satisfeitos
com o que está aí

como podemos viver
se não respeitamos
a morte

e como podemos tornar-nos
se não

somos.

Obediência, como aceitar

Quando se fala de obediência, não se deve pensar logo em ordens a serem cumpridas, em superiores aos quais se deve obedecer. Obediência tem a ver com ouvir, prestar atenção, ser todo ouvidos, perceber, assumir, aceitar, manter-se na expectativa, admitir o que existe. Em primeiro lugar, tenho de ouvir a mim mesmo(a). Tenho de prestar ouvidos às minhas ideias e aos meus sentimentos, às minhas paixões e doenças, aos meus sonhos, aos meus impulsos secretos que surgem muitas vezes durante o dia e aos quais não dou a mínima atenção.

Bem quieto

> *Estou sossegado e tranquilo;*
> *como a criança saciada no colo da mãe,*
> *como criança saciada, minha alma está em mim.*
> Sl 131,2

Tudo se desprende de mim
nada mais importa
estou aqui e eu me sinto

ideias vêm e vão
estou aqui
elas passam por mim

eu deixo para lá
eu escuto e olho
torno-me sensível para a vida
eu estou aqui
e te pressinto

eu estou aqui
sou vida
vivo o momento atual
estou

diante de ti
em ti
contigo
fora de ti.

Existem, na verdade, muitas pessoas obedientes que exteriormente fazem tudo o que as outras pessoas delas exigem, mas que são completamente surdas à voz de Deus que soa em seus corações, que se reflete numa irritação ou num medo, num sintoma de doença ou numa tragédia. Nestes casos, é preferível não querer ouvir. É preferível fazer tudo o que as pessoas nos dizem. Mas que Deus fala exatamente dentro da gente, isto não se quer perceber. Isto poderia levar à insegurança.

Posso obedecer a um superior, mas assim fugir precisamente da obediência que Deus exige de mim, da obediência para com Deus que fala através de meus sentimentos e temperamento. Aproveita-se a obediência a uma pessoa para sacrificar-se ao seu próprio conceito de vida e se resguardar contra Deus.

A lei do amor

> *Eu sou testemunha de que eles têm zelo por Deus, mas um zelo pouco esclarecido, porque, ignorando a justiça e Deus e procurando afirmar a própria, não se sujeitam à justiça de Deus. Pois o fim da Lei é Cristo para a justificação de todo aquele que tem fé.*
> Rm 10,2-4

Ser cauteloso com as leis
e prudente com as ordens
conhecer os mandamentos
e dar importância às normas

escutar o pregador
e o profeta
meditar
em suas palavras
e levar a sério suas afirmações

estudar a doutrina
colocar-se a par

confiar na tradição
estar em sintonia com ela

ponderar tudo
deixar que venha a mim
deixar-me confrontar
me analisar

mas não tornar a lei desvinculada de Deus
a regra não fraterna
a doutrina sem alma
a fé sem amor

não esconder-me
atrás de mandamento e obrigação
não me eximir
de minha responsabilidade de fé

minha decisão de consciência
não trocar pela obediência aos homens
a obediência a Deus
pela obediência à lei

observar a doutrina e a ordem
guardar as regras e tradições
mas lê-las com o coração
quando se trata de pessoas

o amor de Cristo
está acima da lei.

Faz parte também da obediência que eu escute as pessoas com as quais convivo. São Bento exorta seus monges a ouvirem-se uns aos outros. Nós precisamos do irmão e da irmã, do amigo e da amiga, precisamos do cônjuge para saber como está a situação ao nosso redor. É precisamente no convívio da família que importa muito ouvir um ao outro, ouvir as reais necessidades da outra pessoa, que me dizem o que realmente ocorre no coração dela.

Todo encontro vive de ouvido alerta e de coração aberto. Martin Buber acha que a arte consiste em ter o coração bem próximo do ouvido, ouvir com o coração o que a outra pessoa gostaria de me dizer. Obediência significa então permitir que venha até mim o que a outra pessoa tem para me dizer, a mensagem e o desafio dela.

Acolhida

Alguém o conhece tão bem
que percebe de imediato
que você não está bem

alguém gosta tanto de você
que diz
venha beber alguma coisa
e fique um pouco aqui

alguém o compreende tão bem
que o escuta
e faz
as perguntas cabíveis

alguém está tão disponível
que se pode ao menos um pouco

estar em casa.

No monacato, era tratado neste contexto o tema da difícil convivência, que poderia apontar as minhas próprias feridas, revelar as minhas manchas cegas. Hermann Hesse escreveu: "O que não está em nós também não nos aflige". Quando reagimos muito emocionalmente contra uma pessoa, é sinal de que ela nos aponta nossas sombras. A outra pessoa é uma fonte importante do autoconhecimento.

Sem o conflito com nossos amigos, com nossos parceiros, nunca chegaremos a saber o que realmente nos move, onde nós mesmos ainda não nos aceitamos.

Nosso mestre de noviços disse certa vez que Deus lhe enviava sempre os noviços que lhe revelavam seus lados sombrios. Isto se aplica também aos filhos de uma família, que espelham aos pais na maior parte das vezes os lados que eles reprimiram em si e não permitiram que se manifestassem.

Os monges primitivos falam do sacramento do irmão e do sacramento da irmã. Querem dizer com isso que toda pessoa nos pode comunicar Deus.

Infinitamente agradecido(a)

O que deste
ninguém mais
me pode tirar
oito anos de amizade
oito anos de proximidade

oito anos de convivência
oito anos de estar aí

ninguém
me sentiu como Tu
neste período de tempo

me suportado
me amparado
me confrontado
me animado

encorajado
a crescer
e forçado
ao passo inicial

não o espantou
minha fortaleza
e Tu conseguiste
superar-me por tua fortaleza

isto dá prazer
dá confiança
dá esperança
de ainda mais

e eu me alegro
pelos próximos anos contigo
não importa onde nem como

mas: diante de Deus.

Deus nos fala através do irmão e da irmã. Isto se aplica também ao aconselhamento espiritual, em que Deus nos aponta, por meio do aconselhador, o que devemos observar. Isto se aplica a uma conversa comum de conselhos e decisões. Eu não devo tomar uma decisão, que afeta a muitos, sozinho em meu quarto. Devo escutar a todos que estão envolvidos no processo decisório.

A oração pode ajudar-me a distinguir a voz de Deus entre as muitas vozes que percebo dentro de mim. Mas no diálogo nunca se trata de impor a decisão tomada, já antes, durante a oração, e convencer a todos de que ela está correta. Trata-se muito mais de um ouvir com atenção o que Deus gostaria de dizer-me através das outras pessoas.

São Bento exige, pois, do abade que ele convoque todos os irmãos para opinar. Como fundamentação, diz que Deus mostra muitas vezes através do irmão mais jovem o que é melhor. Portanto, o abade deve ouvir atentamente o que Deus lhe gostaria de dizer exatamente através do irmão mais jovem. Para ser obediente a seus irmãos, para poder ser obediente a Deus.

Isto se aplica a toda reunião, da qual devemos participar imparcialmente e de espírito aberto, e atribuir a cada participante a confiança de que Deus gostaria de me dizer algo através dele. Só no ouvir atentamente o irmão e a irmã aprendo a verdadeira obediência a Deus.

Só um sonho?

Uma Igreja obediente
pessoas e estruturas
que se colocam a serviço de Deus
libertam pessoas para a vida
uma Igreja

que oferece
dá coragem
consola
vai junto
está com as pessoas

uma Igreja ouvinte
que não sabe de antemão as respostas
não confunde lei com orientação
que renuncia ao poder
que vive em fraternidade
em que pode existir a multiplicidade
que não tem medo do desconhecido
que pode confiar
confiar-se
à ação do Espírito Santo

uma Igreja interrogante
que dá prazer à vida
transmite alegria no encontro
em que reside o diálogo
onde imposições não são concebíveis
onde a crítica é vista como chance
que se põe a caminho como peregrina
que não é mais um castelo fortificado
mas que procura a vida

uma Igreja aberta
onde minha opinião é perguntada
que se deixa con-formar
na qual democracia não é palavra irritante
e o dinheiro não determina a pastoral

na qual se pode discutir
e na qual é possível se reconciliar
na qual vive a vida

uma Igreja mística
que não só fala de Deus
mas também a Ele se entrega
na qual o mistério recebe forma
que confia na oração
e se deixa contrariar, se for o caso,
por todos os planos
que ama sem limites
sem "se" nem "mas"

uma Igreja política
que toma o partido dos inferiorizados
que é a voz dos que foram calados
que encontra opções e se compromete
que se empenha por palavras e ações
que não se deixa comprar
que se expõe
que se torna vulnerável

uma Igreja temente a Deus
que vive o que diz
e diz o que vive
que confia e espera e ama e escuta
que chama à luta e protesta
que se entrega a Deus
e não acredita em seu próprio poder
que obedece a Deus
enquanto ouve as pessoas.

Obediência a uma pessoa

No voto da obediência, o monge não entrega ao superior sua responsabilidade. Seria uma interdição jurídica. Promete, sim, que está disposto a entrar para a comunidade à qual se filia pelos votos. Na figura do superior, leva a sério a comunidade. Vai deixar-se estimular por ela, e não só viver sua vida privada. E a freira declara em sua profissão religiosa que sua escuta da voz de Deus é muitas vezes um escutar não muito límpido. No escutar a voz de Deus em meu íntimo ou no encontro com um irmão ou uma irmã posso fazer coincidir a voz de Deus com a minha própria. Na palavra de um superior, a vontade de "alguém outro" contraria a minha própria. Obediência significa que eu considere que Deus me fala precisamente através da palavra do superior. Isto evidentemente não quer dizer que eu identifique a palavra do superior com a vontade de Deus. Mas não posso também rejeitar sua palavra como simples opinião pessoal. Devo perguntar-me, antes, o que Deus quis dizer-me através do superior. Preciso posicionar-me diante do chamado de Deus no superior e com ele me entender.

Deixando-me interpelar na palavra do superior como sendo de Deus, não tomo a palavra humana simplesmente como divina. Mas eu me pergunto o que Deus quer me mostrar com isso, se gostaria de orientar-me para novos caminhos que eu ainda não considerei.

Obediência é, em última análise, sempre obediência a Deus. Se eu reconhecer claramente em minha consciência que não posso obedecer a meu superior porque está em desacordo com a vontade de Deus, então devo obedecer mais a Deus do que aos homens. Isto é ensinamento bíblico explícito. Por isso, toda obediência cadavérica é simplesmente não cristã. Jamais posso igualar uma pessoa a Deus. Só posso perguntar sempre até que ponto Deus gostaria de provocar e atrair novas possibilidades através de uma pessoa. E eu me pergunto, até que ponto estou disposto a colocar-me a serviço dessa comunidade concreta.

Hoje à noite rezo por nós

> *Da piedade insensata*
> *e de santos mascarados*
> *livrai-nos, Senhor!*
> Terezinha de Lisieux

Livrai-nos,
Senhor,
dos cristãos

que se refugiam
na Igreja
para se protegerem da vida

que não conseguem mais
alegrar-se com a pura existência
porque eles mesmos se tornaram lei

que se sentem muito bem na lareira
porque as pantufas são tão confortáveis
e o romance sobre a vida tão empolgante

que se mantêm afastados
para não provocar nenhuma contrariedade
e ser desejado por todos

que moralizam e pregam
que domesticam Deus para seus fins
e que muito de passagem perguntam pela saúde

por isso se engajam de tal forma
que desejam evitar
o encontro consigo mesmos

que desistiram da esperança
e por isso se retraíram
no cantinho privado de seu Deus

que consolam e acalmam
porque elas mesmas têm
medo do escuro

que não querem admitir
novos desenvolvimentos com o ditado
"sempre foi assim"

que dão respostas sem cessar
porque não suportam mais
as perguntas

que estabelecem como absoluta a concepção própria
que evitam o diálogo
que fogem da comunidade

por nós
eu rezo

permiti sermos e tornar-nos vivos
e não paralisar-nos na estrutura e na lei

dai-nos a força
de suportar as perguntas e inseguranças

dai-nos a confiança
de podermos conviver em colorida multiplicidade

fazei que vejamos as crises como chances
e a crítica como interesse

fazei de nós vossa Igreja viva
afugentai medo e aborrecimento

contagiai-nos com vosso amor
fortalecei-nos com vosso espírito
e não permitais
que declinemos
de todos esses pedidos a Vós

mas que façamos
e que sejamos
aquilo por que rezamos.

O que se aplica à obediência dos membros de ordens religiosas para com seu superior vale também de toda obediência para com as pessoas. É verdade que não existe ninguém que não esteja numa posição de mando ou de subalterno, que não tenha assumido alguma responsabilidade pelos outros ou a eles deva responsabilidade. Não existe na verdade ninguém que não esteja ligado a uma comunidade humana, seja à família, à paróquia, à empresa ou ao círculo de amigos. O convívio humano só se torna possível à medida que nos ouvirmos uns aos outros. Se alguém, quer seja na comunidade da Igreja, do Estado, do município, da família só quisesse ouvir a si mesmo, provocaria o caos. Temos de ouvir também as outras pessoas, não para aceitar tudo o que elas dizem, mas para sentir como podemos chegar a um denominador comum com nossas divergentes opiniões e necessidades.

Obediência significa a disposição de confiar-se à comunidade, de não estabelecer como absolutas suas próprias necessidades, mas ver na comunidade um bem em si, um dom que enriquece a vida humana.

Obediência significa um escutar em comum onde Deus gostaria de desafiar hoje nossa família, nossa comunidade e nosso círculo a dar uma resposta concreta aos sinais de nosso tempo. Obediência significa admitir novas possibilidades em nós mesmos à medida que nos ouvimos uns aos outros. Mas obediência significa também descrever novos caminhos na responsabilidade pelo nosso mundo, desenvolver ideias políticas comuns, a fim de encontrar caminhos de convivência e de reconciliação não só para nosso pequeno círculo, mas para este mundo.

Em nome de Deus

> *E todos que tinham fé viviam unidos,*
> *tendo todos os bens em comum.*
> *Vendiam as propriedades e os bens e*
> *dividiam o dinheiro com todos,*
> *segundo a necessidade de cada um.*
> *Todos os dias se reuniam, unânimes,*
> *no Templo. Partiam o pão nas casas e comiam com*
> *alegria e simplicidade de coração.*
> At 2,44-46

Comunidade acontece lá
onde pessoas
se reúnem
em nome de Deus

partilhar a vida comunitariamente
alegria e prazer de viver

preocupações e medos
escuridão e luz

dialogar um com o outro
lembrar-se mutamente
animar-se para sonhar
e referir a vida a Deus

dividir um com o outro
rezar juntos
calar juntos
rir juntos

fé
esperança
amor
semear neste mundo

tornar-se atuante
pela paz
justiça
e na conservação da criação

ter espírito de oração
na confiança em Deus
ter espírito ativo
na configuração do mundo

aquelas pessoas que
pela comunidade da Igreja
se unem entre si

mutuamente se fortalecem
mutuamente se animam

que ouvem umas às outras
que se questionam mutuamente
que se corrigem entre si
e juntas são Igreja

vale como mandamento máximo:
servir
a Deus
e ao próximo.

Na mensagem de Jesus, a comunidade desempenha um papel decisivo. A questão básica do Sermão da Montanha é como tornar possível uma comunidade humana, apesar da hostilidade e da maldade, como sarar a dilaceração que perpassa a sociedade e a comunidade das nações. O Reino de Deus era sentido na Igreja primitiva sobretudo como fato de que judeus e gregos, senhores e escravos, homens e mulheres podiam constituir uma só comunidade.

Eu não ando sozinho meu caminho para Deus, mas numa comunidade de fé. Mostra-se, pois, na obediência que eu tomo a sério a comunidade, que o estar em união é um critério para o autêntico cristianismo. Trata-se, portanto, não de mera subordinação, mas da disponibilidade de inserir a mim e minha singularidade nesta comunidade. Tudo o que eu oculto da comunidade vai faltar-lhe em sua vitalidade. E o que eu reservo para mim logo se tornará em mim asfixiante e vazio. A disposição de engajar-me na comunidade é também a condição de minha própria vitalidade.

Amizade

Ter suas raízes
no mesmo chão
crescer na direção
do mesmo céu

no meio
um tanto de vida
em conjunto um com o outro
e, contudo, para si

reconhecer-se na pessoa amiga
abraço ao alcance
limites e distância
e afastar a tempestade

com toda liberdade
tornar-se obrigatório
e ser livre
na união.

Na Igreja primitiva, as pequenas comunidades locais tinham uma extraordinária força de expansão em todo o império romano. A chama da Igreja seria semelhante ainda hoje. À medida que as pessoas juntas ouvirem a vontade de Deus, ouvirem umas às outras e confiarem que Deus fala através de cada uma, nasce uma energia que procura irromper para fora, que pode gravar rastos de amor neste mundo.

Em nossa comunidade fazemos a experiência de que algumas pessoas que juntas procuram um caminho interior, que ouvindo umas às outras caminham juntas na estrada, podem transformar não só a grande comunidade conventual, mas que atingem além disso muitas pessoas. Nossos cursos para jovens não são ministrados por uma só pessoa, mas por um grupo de homens e mulheres que juntos fazem um caminho. Evidentemente isto é percebido pelos jovens, de modo que é cada vez maior o número deles que querem celebrar conosco a Páscoa, Pentecostes e véspera de Ano Novo, ao passo que em outras partes o trabalho com jovens vem decaindo.

Transformação

Hoje
à noite

teu rosto tornou-se
de repente bem suave
tua risada
ficou mais forte

teus movimentos
mais amplos

sentia-se liberdade
no ar

a vida tornou-se
confiável

viva
na fé

e amizade
começa

Deus
vai junto.

Obediência à vontade de Deus

Na obediência escutamos a Deus para fazer sua vontade. Muitas vezes, as pessoas entenderam a vontade de Deus como algo estranho ao qual tinham que simplesmente se dobrar, como algo incompreensível que lhes era imposto de fora. Mas isto não corresponde ao conceito bíblico de vontade de Deus. Deus quer que todas as pessoas sejam salvas, que sua vida seja bem-sucedida. Deus quer o bem, a vida das pessoas. Por isso a vontade de Deus corresponde à nossa verdadeira natureza. Escutar a vontade de Deus significa entrar em contato com sua figura original e primitiva e aperfeiçoá-la em nós. Em última análise, a vontade de Deus se identifica com a nossa, com a vontade que brota de nosso verdadeiro si-mesmo. A vontade de Deus nos conduz ao desejo profundo, que está em nosso coração, ao desejo da imagem única que Deus fez de cada um de nós, ao desejo de sermos aqueles ou aquelas que Deus quis que fôssemos.

Mostra-me teu caminho e eu te seguirei com fidelidade

Nós mesmos somos a causa de todos os nossos empecilhos.
Mestre Eckhart

Numa noite de dezembro
por volta das dez e meia
procurei por ti
nenhum motivo especial
nem mau humor nem desgosto
talvez
isto sim

um pouco de medo
um pouco de decepção
um pouco de resignação

onde está
teu espírito
e onde
estás Tu?

às vezes
eu te perco em meio
ao meu dia a dia

formulários
prazos
previsões
correspondência
papéis

e então
só me resta
estar diante de ti
com mãos abertas
e a ti
me entregar

e dizer:

mostra-me teu caminho
e eu o seguirei na fidelidade a ti.

Muitas vezes achamos que a vontade de Deus é algo estranho. Jesus lutou no Monte das Oliveiras com o Pai. Ele pediu que o cálice do sofrimento passasse por Ele. Orando e lutando, entregou-se à vontade de Deus. Ele mesmo tornou realidade o que nos ensinou no Pai-nosso: "Seja feita a vossa vontade, assim na terra como no céu". Pois também, para Jesus, a vontade de Deus não era o aniquilador, o peso que lhe é imposto, mas o caminho para a glória. No Getsêmani, Jesus teve de assimilar que Deus lhe atribuía e confiava outro caminho do que Ele havia pensado até então. Para o autor da Epístola aos Hebreus, Jesus aprendeu obediência precisamente na luta da oração do Getsêmani: "Embora fosse Filho de Deus, aprendeu a obediência por meio dos sofrimentos. Tendo chegado à perfeição, tornou-se causa de salvação eterna para todos os que lhe obedecem" (Hb 5,8-9).

Na obediência, Jesus descobriu um novo caminho de como tornar-se o autor da felicidade, o caminho que perpassa a escuridão e o isolamento, o caminho através da noite da morte. A obediência não foi para Ele o caminho da capitulação, mas o escutar a Deus, a fim de encontrar um novo caminho para si e para o mundo.

Sexta-feira Santa

> *Eu acredito em noites.*
> Reiner Maria Rilke

Não posso
por um passe de mágica
tirar tua doença

não posso
tirar
teu medo

não posso
poupar-te
de teus sofrimentos
mas
eu fico
contigo

em tua doença
com teu medo
através de todos os sofrimentos

e eu
te tomo
pela mão

e vou
contigo
ao encontro da vida.

Jesus sentiu no Monte das Oliveiras que só poderia manifestar seu amor aos homens e a Deus se estivesse disposto a se sacrificar, em vez de fugir e refugiar-se em si mesmo. Só assim pôde o amor de Deus vencer o ódio dos homens. Só na impotência pôde demonstrar-se o amor mais poderoso do que os pecados dos homens. E para Jesus, nessa situação concreta da ocupação militar romana e da influência de vários grupos judeus, só restava o caminho da prisão e crucificação para chegar à ressurreição. Só por esse caminho podia tornar fidedigna sua mensagem da proximidade do Reino de Deus e com sua vida toda anunciar que havia libertado o mundo.

Relatar à terra algo do céu

> *Eu vim para que tenham vida*
> *e a tenham em abundância.*
> Jo 10,10

Sempre então e lá
onde a vida está em plenitude
ela se inclina
para a terra

as flores do jasmim
os ramos da amora silvestre
as maçãs no galho
a vida das pessoas

fecundada
pelo céu
semeia-se a vida
na terra

e brota
e cresce
e vive
e

relata
à terra
histórias
do céu.

    A vontade de Deus nos parece muitas vezes estranha porque nos aferramos às ilusões que fizemos de nossa vida. Temos dentro de nós diferentes planos de nossa vontade. Temos uma vontade na superfície e uma na profundeza de nosso coração. Nós identificamos muitas vezes a vontade da superfície com o humor ou necessidades espontâneas. Nem percebemos então que nisso somos determinados pelas expectativas das outras pessoas. Achamos que estamos fazendo nossa própria vontade e somos orgulhosos disso. Na verdade somos guiados a partir de fora. Dizemos então: "Eu gostaria de ir agora ali ou acolá. Não tenho vontade de fazer isto ou aquilo. Compro agora o que eu quero". Isto pode ser muito bom para nós. Mas muitas vezes não somos livres em assim procedendo, e sim escravos de nossas necessidades ou da moda.

Quando fazemos silêncio na oração e entramos em contato com nosso verdadeiro si-mesmo, sentimos de repente o que de fato nos faz bem, o que desejamos realmente no nosso mais profundo. Esta vontade que ali descobrimos é nossa própria vontade, mas também a vontade de Deus. Contudo, à primeira vista, parece-nos muitas vezes estranha e incompreensível. O que reconhecemos no silêncio como bom para nós está muitas vezes em oposição àquilo que gostaríamos de ter ou fazer. Pois em nós existe a tendência ao comodismo e a satisfazer todos os nossos desejos e necessidades. Mas quando, na oração, entramos em contato com nosso si-mesmo, sentimos que não nos faria bem seguir e satisfazer sempre nossos caprichos e necessidades. A vontade de Deus é aquilo que nos faz bem no mais profundo. Mas até reconhecermos isto, há necessidade muitas vezes de luta, conforme aconteceu com Jesus no Horto das Oliveiras.

Substituto

De manhã minha oração já está diante de ti.
Sl 88,14

Às vezes,
Deus,
estou tão
enredado dentro de mim
que não consigo
apresentar-me a ti

às vezes,
Deus,
tua grandeza
é grande demais
para mim

às vezes,
Deus,
perco o ânimo
abandona-me a esperança
o desespero
se alastra em mim

às vezes,
Deus,
a escuridão se abate sobre mim
a solidão
e eu não sei mais avançar

quando já não
puder apresentar-me a ti
que chegue ao menos
minha oração
a ti.

Transição

> *Não te soltarei*
> *se não me abençoares.*
> Gn 32,27

Estou pronto para me despedir
mas só contigo
não sem ti

estou pronto para partir
mas só contigo
não sem ti

estou pronto para me arriscar
mas só contigo
não sem ti

estou pronto
para colocar-me a teu serviço
mas só contigo
não sem ti

mostra-te
apresenta-te
entrega-te

eu provoco
sê resposta

eu reclamo
promete

eu luto contigo
abençoa-me

quando não abençoas
todo esforço é inútil.

Santo Agostinho endossa a opinião de que a vontade de Deus nos faz bem. Ele acha que só experimentamos a palavra de Deus na Sagrada Escritura como inimiga quando nós mesmos somos inimigos de nós, quando vivemos contra a voz de nosso coração. Entender e aceitar a palavra de Deus significa para Agostinho ser amigo de si mesmo, tratar bem a si mesmo. A vontade de Deus que me vem ao encontro na sua palavra deseja que eu entre em sintonia comigo mesmo(a), que eu trate bem e com amor a mim mesmo(a). A clássica fórmula de Santo Agostinho é esta: "a Palavra de Deus é a oponente de tua vida, até que se torne a causadora de tua salvação. Enquanto fores teu próprio inimigo, também a palavra de Deus será tua inimiga. Seja seu próprio amigo, então também a palavra de Deus estará em consonância contigo".

Obediência significa, em última análise, que eu escute tão bem dentro de mim, que descubra a voz de meu coração, a voz de meu si-mesmo. Nessa voz, Deus me fala. Nela reconheço a vontade de Deus, que concorda com minha própria vontade.

São Bernardo de Claraval confirma esta posição de Santo Agostinho, quando em sua célebre carta ao Papa Eugênio adverte que ele não deve estar sempre à disposição dos outros, mas também para si mesmo: "Dê um tempo a você mesmo. Eu não digo: faça isto sempre, eu não digo faça isto muitas vezes, mas eu digo: faça isto sempre de novo. Seja para você mesmo o que você é para os outros, ou seja-o ao menos depois dos outros".

A vontade de Deus consiste em entrarmos em contato com o desejo de nosso coração, com o nosso verdadeiro cerne, que nos tornemos totalmente o que fomos planejados por Deus. Mas isto só o podemos se abandonarmos por instantes todo o agir para fora e tomarmos tempo para ouvir em nosso interior a voz de Deus que nos convida para a vida.

Às vezes não é tão fácil assim ser amado(a)

> *Algumas pessoas ingênuas acham que precisam considerar Deus como estando Ele lá e elas aqui. Isto não é assim. Deus e eu somos uma coisa só.*
> Mestre Eckhart

Todo amor
que me é oferecido
é também encontro doloroso
comigo mesmo
remete-me para meu despedaçamento
lembra de coisas escuras
faz que coisas irreconciliadas se tornem vivas

que alguém ali me ame
e não questione
me questione
que alguém confie em mim
me faça duvidar
que alguém se entregue incondicionalmente
arrebente meus limites

chegar bem perto de ti
significa apresentar-me
tua esperança

desperta minha dúvida
teu amor
precisa meu ânimo
quer aceitação e mudança

ervas amargas do amor
mas só assim vai
eu me apresento
eu te deixo entrar
deixo me tocar
deixo me encher
deixo me encontrar dolorosamente

A chave de mim é teu amor
porque me amas
posso apresentar-me
posso seguir o caminho
posso abrir-me para mim e para ti
porque estás em mim
posso tornar-me e ser
a respeitosa afirmação
de que Deus é totalmente outro
não é falsa
mas talvez também apenas
a última tentativa inútil
de manter-te
afastado de mim.

 Obediência a Deus significa também que eu esteja disposto a escutar os sinais dos tempos, que esteja disposto a deixar-me chamar para o engajamento. Jesus obedeceu mais a Deus do que aos homens. Isto o levou a entrar em choque com os dirigentes judeus, mas também com as autoridades romanas. Sua obediência a Deus teve consequências políticas.

Assim também a obediência é um escutar a Deus na situação política e social da época. Onde Deus quer meu engajamento político? Onde sou desafiado a dedicar-me às discussões da época, opor-me a opiniões e tendências? Onde é exigida minha resistência? Obediência ao ressuscitado Senhor Jesus Cristo significa para mim levantar-me e ousar uma revolta contra a violência em torno de mim, contra a xenofobia, contra tudo o que se opõe à vida.

Obediência significa também que eu me deixe desafiar, dedicar-me àquilo que reconheço como sendo tarefa que recebi de Deus. Obediência aqui não é algo passivo, mas a capacidade de escutar ativamente os sinais dos tempos e reagir a eles. Obediência obriga a uma nova prática, à prática da liberdade e do amor. Contra a vontade das massas temos de perguntar sempre de novo pela vontade de Deus. Qual é a vontade de Deus para o nosso tempo?

A vontade de Deus visa sempre ao bem-estar, à liberdade e ao desenvolvimento da pessoa. A obediência nos torna sensíveis – diante de um mundo de egoísmo – para ouvir a vontade de Deus, que deseja um ser humano saudável e livre, amoroso e feliz, um ser humano que viva em paz com os outros e que esteja disposto a partilhar sua vida com todos os outros.

Movimentar as coisas a partir de dentro

Quando completei cinquenta anos, recebi de presente de alguns amigos uma escultura maravilhosa. Retrata uma pessoa pequena e frágil que movimenta a partir de dentro um grande e oco aro de pedra. A escultora, Luise Kott-Gärtner, denominou a escultura assim: "Movimentar as coisas a partir de dentro". E acrescentou:

Se traçarmos uma meta definida para nossas forças a partir de dentro, é possível realizar grandes coisas com relativamente pouco emprego de força. Dessa maneira podemos também manter em movimento uma coisa e estabilizar o seu ritmo.

Isto me trouxe à lembrança um texto do místico espanhol do século XVI, São João da Cruz:

> *Considerai aqui os que são muito ativos, e pensam abarcar o mundo com suas pregações e obras exteriores: bem maior proveito fariam à Igreja, e maior satisfação dariam a Deus – além do bom exemplo que proporcionariam de si mesmos – se gastassem ao menos a metade do tempo empregado nessas boas obras, em permanecer com Deus na oração, embora não houvessem atingido grau tão elevado como esta alma de que falamos. Muito mais haviam de fazer, não há dúvida, e com menor trabalho, numa só obra do que em mil, pelo merecimento de sua oração na qual teriam adquirido forças espirituais"* (Cântico espiritual, canção XXVIII).

Movimentar as coisas a partir de dentro... isto é trans-formação e deixar-se transformar...

Não ser mais espectador
meter mãos à obra
fazer a pedra rolar
movimentar querer fazer agir

mas quando eu quero movimentar
tenho de ser movimentado
entregar-me ao mistério
ser corajoso e
me deixar transformar

e resistir às pedras duras
e confiar na longa respiração
e ainda poder sonhar
e ser saudoso
e amar amar amar

ficar vulnerável e
suscetível
leve e frágil
e assim mesmo decididamente livre

movido para movimentar
amolecer a pedra
ainda que com lágrimas
ficar delicado
ainda que com raiva

mas
movimentar as coisas a partir de dentro.

CAPÍTULO II

Pobreza
"Abandonar"

Na pobreza trata-se de abandonar. Os psicólogos dizem que o abandonar é necessário para o amadurecimento humano. Precisamos abandonar o nosso passado para nos dedicarmos ao novo do momento atual. Precisamos abandonar os ferimentos e humilhações para nos posicionarmos perante a vida. Precisamos abandonar nossos êxitos, precisamos abandonar lugares onde gostávamos de ir, relacionamentos que mantivemos, costumes e tradições para podermos viver de fato no presente. Pobreza significa um abandonar que nos leva à liberdade, à liberdade de todas as dependências, de tudo a que nos apegamos, enfim, à liberdade de nós mesmos. Pois na maior parte das vezes somos nós mesmos que estorvamos o nosso caminho.

Desafio

As raposas têm tocas e os pássaros do céu, ninhos, mas o Filho do Homem não tem onde repousar a cabeça.
Lc 9,58

Ser cristão
não significa
que tudo fique

assim como está
mas
significa
que tudo se torna
como deve ser

isto é
partida
começo
outra coisa

isto é
partir
abandonar
soltar
isto é
exigência
que me
desafia.

Pobreza como abandono dos bens materiais

A pessoa humana almeja posses porque acha que as posses lhe darão tranquilidade, que por meio delas ficará livre da preocupação do pão de cada dia. Mas sente ao mesmo tempo que as posses aumentam suas preocupações. A pessoa deseja ter alguma coisa, ter alguma coisa na mão. Quanto mais tiver na mão, pensa, tanto mais tem a si mesma, é sua própria dona. Em última instância é levada pela esperança de possuir-se a si mesma.

Ter posses não é um mal. A pessoa precisa de vestimentas, alimentos, moradia para poder viver. O perigo está em tornar-se sem medida nessa luta por posses. O animal só deseja o tanto de que precisa. O ser humano pode ultrapassar sua medida em sua avidez. Em sua falta de medida torna-se dependente das posses. Fascinado pela fortuna que acumulou, quer ter sempre mais. Em vez de usufruir o que possui, volta os olhos sempre para novas coisas. E de repente torna-se presa de sua mania de posses.

Aprender a viver mais levemente

> *Só te falta uma coisa: vai, vende tudo o que tens, dá o dinheiro aos pobres e terás um tesouro no céu; depois vem e segue-me. Mas ao ouvir isso, ele ficou triste e foi embora abatido, porque possuía muitos bens.*
> Mc 10,21-22

Convenhamos que este subtítulo é bastante ambíguo. Mas foi proposital. Trata-se de aprender a viver – e isto de maneira não tão "pesada" como nós às vezes a experimentamos. Trata-se de carregar fardos mais leves e não andar com tanta carga como muitas vezes estamos acostumados em nosso dia a dia. Aprender uma vida que visa à nossa ressurreição – apesar de todos os mortos! Mas a ressurreição só é possível quando rasgamos todas as "mortalhas" em que nos envolvemos e quando rolamos as pedras que nos emperram o caminho para a vida. A ressurreição só é possível quando ousamos viver, quando saímos da segura tumba da morte para o mundo dos vivos, quando viajamos muito por diversos países, quando estamos prontos a partir, a caminhar. Mas como partir se ajuntou todo o monturo de uma vida e lança olhares desconfiados para que ninguém tire nada?

É bem compreensível: quem possui menos é mais flexível. Há diferença se eu mudo para minha primeira casa própria com uma mesa, uma cama e sete caixas de pertences, ou se devo "curtir" uma mansão com adega, salão de jogos, quarto de brinquedo das crianças, com mais sessenta caixas de livros, etc. Quem pouco tem está sempre pronto para tudo abandonar e partir – e quanto mais se tem, mais se pensa se vale fazer o esforço. A tentação é grande de ficar ali onde sempre se esteve. Mas assim mesmo persiste o desejo de que poderia ser diferente. Na verdade não é nenhum mistério. Nós vivemos tão sobrecarregados que quase sucumbimos ao peso. Temos um excesso de informações que nos sobrevêm todo dia – e do mundo inteiro. Não se passaram ainda duzentos anos que, quando acontecia um terremoto devastador na Turquia, a gente só tomava conhecimento disso meses ou até anos depois – hoje assistimos tudo ao vivo. Voamos juntos para a Lua e Marte – e aquilo que nossa fantasia nos fica devendo, os produtores de cinema trazem para dentro de nossa casa. Na parte refrigerada do supermercado não há apenas uma marca de iogurte, mas no mínimo catorze diferentes. E, depois, nas propagandas da televisão, percebemos o que deveríamos possuir e ainda bobamente não temos.

Não me entendam mal – não estou dizendo que eu gostaria de viver duzentos anos atrás. O mundo daquela época tinha seus lados sombrios bem próprios. Eu posso olhar e aproveitar os lados bem positivos do computador, televisão, telefone e internet.

Mas será que nós, como pessoas, acompanhamos essas evoluções técnicas? Lidamos soberanamente com esses progressos ou deixamos que nossa vida seja ditada por eles? Do que preciso realmente em matéria de informação, bens e conhecimento?

Sim, a vida tornou-se insegura. Não sabemos qual será o próximo avião a ser jogado contra um prédio, quando explodirá a próxima bomba em algum transporte, quando uma pessoa perde o juízo e se transforma em assassino de massa? Temos além disso o desemprego, a Aids e a questão da aposentadoria. A televisão e os jornais só noticiam segundo o princípio "Só a má notícia é uma boa notícia". Também no círculo dos amigos e na vizinhança sente-se na pele que tudo não é mais como deveria ser: separação após dezesseis anos de casados, diagnóstico de câncer, crianças que bem cedo já precisam de psicoterapeuta.

É compreensível que então se busque aquilo que aparentemente dá segurança, que apoia, que dá *status*. E a segurança é representada pelos bens.

Mas tudo isso é frágil. Só é aparente. Isto me faz lembrar os romances dos lagos de sal de Karl May que simulavam um chão firme, mas, quando se entrava neles, submergia-se num instante.

Este rasto de vida não leva a nada. Só amarra e gruda, mas não liberta.

Mas então, do que preciso realmente? O que é de fato importante em minha vida? E o que me impede de vivê-la deveras?

Aprender a viver mais levemente... Viver com menos "carga".

Jan Vanier, o fundador do Movimento Arché, que visa proporcionar a convivência entre excepcionais e não excepcionais, diz o seguinte: "Não se pode seguir Jesus com duas malas na mão". Falando do ponto de vista bíblico, encontramos este ensinamento na história do jovem rico: "Só te falta uma coisa: vai, vende tudo o que tens, dá o dinheiro aos pobres; depois vem e segue-me" (Mc 10,21). O jovem rico não podia seguir Jesus porque não era ele que possuía seus bens, mas seus bens o possuíam, eles tinham o poder sobre ele, eles o impediam em suas decisões.

Abandonar aquilo que me amarra, que me impede de sair – para ir mais levemente ao encontro da vida.

Talvez pudesse haver um propósito assim, digamos para o tempo da quaresma: separar-me conscientemente todo dia durante os quarenta dias de alguma coisa da qual não consegui me separar até agora.

Pôr-se a caminho com menos bagagem de coisas materiais... ao encontro da vida.

Os sábios exortaram em todos os tempos que deveríamos libertar-nos com relação aos bens, deveríamos ser capazes de abandonar os bens, possuir como se não possuíssemos, como nos diz São Paulo (cf. 1Cor 7).

Gabriel Marcel e Erich Fromm contrapõem o ordenamento do ter ao do ser. O valor de uma pessoa não se mede pelo que possui, mas pelo que é.

O ordenamento do ser é ao mesmo tempo o do receber, da graça. A pessoa que arrebanha tudo para si e quer possuir tudo torna-se incapaz de receber, incapaz de usufruir os bens deste mundo e, em última análise, de usá-los para sua serventia. Uso correto exige um abandonar do usado. Quem deseja possuir não sabe gastar porque não consegue afastar-se de seus bens. E assim vemos que muitas pessoas com enormes fortunas vivem às vezes miseravelmente. São tão avarentas que não fazem nada para si, não gastam nada, não conseguem aproveitar nada. São semelhantes ao homem rico que tomou do pobre sua única ovelha para servi-la a seu hóspede, porque não conseguiu desfazer-se de uma propriedade sua (cf. 2Sm 12).

Promessa

Reconheço
que a princípio
muito me assustou
a exigência

finalmente encontrado
só para novamente
ser mandado embora

e isto sob
condições agravadas

sem dinheiro
sem uma segunda camisa
sem alforje

e o êxito
também é ainda
duvidoso

eu me sinto
completamente nu e
sem nada
inseguro

e
incrivelmente
vulnerável
mas em meio a tudo isso
pressinto liberdade

poder deixar
tudo para trás
o medo
a impotência
a fraqueza
a compulsão
as expectativas

simplesmente
apenas ser

e
poder deixar para trás
a dependência
de falsa segurança
a convicção
de ter chegado

a mim é atribuída
a insegurança
a autonomia
a liberdade

isto me atribui
pura e simplesmente
a vida.

Mas, tão prejudicial quanto a avidez de mais bens é a avidez de gastar, de consumir. Quem gostaria de satisfazer sem medida todas as suas precisões acaba ficando viciado. Não consegue mais ter prazer em nada porque devora tudo. Não devora só a comida, por medo de não sobrar para ele, mas devora livros, pessoas, a natureza. Tudo tem de estar a seu serviço. Mas em sua avidez não consegue alegrar-se com nada, não consegue sentir prazer nas coisas. Agitado e inquieto, engole o que consegue arrebanhar. Não consegue apreciar o momento atual com medo de desperdiçar alguma coisa. Não consegue apreciar devidamente a comida com medo de ficar no prejuízo. Em vez de apreciar as coisas boas, empanturra-se de comida, bebida, televisão ou de coisas que compra. Mostra-se nisso uma incapacidade de usufruir, de estar no momento atual, uma incapacidade, afinal, de viver com satisfação.

Em contraposição à avidez, já Sigmund Freud viu como sinal da maturidade humana quando a pessoa não só procura satisfazer necessidades, mas também quando sabe renunciar a isto. A renúncia é o pressuposto do verdadeiro degustar. Posso degustar um pedaço de bolo, mas no máximo, após o quinto pedaço já não é degustação. Para saber degustar, tenho de me limitar. Por isso a ascese é o pressuposto de autêntica vida e real usufruição. Quem deseja comprar para si a usufruição certamente ficará decepcionado. Só pode usufruir quem sabe também renunciar. Quem sempre precisa usufruir não consegue fazê-lo.

Desenvolveu-se hoje outra vez uma nova consciência de uma cultura ascética, de uma ascese que fomenta uma vida em liberdade e alegria, de uma ascese que não sufoca, mas que nos treina para o prazer de viver.

Ser pobre tornar-se rico

> *O jejum que eu prefiro é este: soltar as algemas injustas, soltar as amarras do jugo, dar liberdade aos oprimidos e acabar com qualquer escravidão. Repartir o pão com o faminto, acolher em casa os pobres sem teto! Quando vires alguém sem roupa, veste-o e não te recuses a ajudar teu semelhante! Então tua luz romperá como a aurora, e tua ferida depressa ficará curada. Diante de ti marchará a tua justiça e atrás de ti a glória do Senhor.*
> Is 58,6-8

Dar
tempo
força
ideias
amor
sentimentos
talentos
capacidades

entregar
planos
seguranças
expectativas
bens
máscaras
influências
a mim

só o vazio
pode ser preenchido.

Muitas vezes a pobreza é cobrada com um apontar moralista de dedos. Fica-se então com um peso na consciência quando se degusta alguma coisa. Em ordens religiosas, tal comportamento pode levar a um abandono da cultura e a uma negação da vida. Não se permite mais nada a si. Assim que se bebe um copo de vinho, pesa a consciência de se haver pecado contra a pobreza. Um jovem criticava todos os moradores de uma comunidade por comerem demais, por haver coisas demais na mesa. Perguntou-lhe certa vez uma senhora se ele só chegaria a comer menos se os outros assim o fizessem.

Muitas vezes a pobreza torna-se uma inveja de não mais permitir aos outros a usufruição das coisas. Renunciar pressupõe um eu maduro e forte. Quem nunca se permitiu nada, para ele a pobreza torna-se muitas vezes o sancionamento de seu medo da vida, de seu medo do prazer, a confirmação de sua incapacidade de gozar a vida e nela ter alegria. Nesse caso, a pobreza está sempre ligada à consciência pesada. Posso permitir-me ainda isto, ou será contra a pobreza? Isto é uma perversão de pobreza. A consciência pesada não é boa conselheira para a verdadeira vida.

A pobreza autêntica quer favorecer a vida na liberdade e a vida de uns com os outros.

Sê bom para contigo porque Deus te quer bem

> *Porque eu não disse nem prescrevi nada a vossos pais no dia em que os libertei do Egito, em relação ao holocausto e ao sacrifício. Não lhes ordenei senão isto: Escutai minha voz, e eu serei o vosso Deus e vós sereis o meu povo. Andai o caminho que eu vos traço para que sejais felizes.*
> Jr 7,22-23

Aprende a valorizar
o que te é dado
e não ofendas o criador
pela recusa de seus dons

termina com o servilismo
com a renúncia mal-entendida
que não favorece ninguém
e só produz contrariedade

para finalmente de
proibir-te o usufruir
e alegra-te
com o momento atual

para com tua autodestruição
o teu autossacrifício
se eles não te
libertam para a vida

alguma coisa não está certa
se tua vocação se torna um peso
se Tu mesmo te perdes
se falas de liberdade e vives preso

se falas de ser bom
e não és bom para ti mesmo
se falar de amor
e não amas a ti mesmo

não fujas de ti
para ir a outros
não fujas de Deus
ritos estabelecidos prescrições

toma posição diante da vida
e de tua vitalidade
aprende a usufruir aquilo que te é dado
e aprende a renunciar onde é necessário

um sacrifício
que ninguém quer
que a ninguém aproveita
que nem a ti faz bem

Deus
não o aceita.

A pobreza não consiste em não me permitir nada, mas em compartilhar minha vida com outras pessoas. A opção pelos pobres que a teologia da libertação defendeu não trabalha com o dedo indicador moral de que não podemos conceder nada a nós mesmos. Quer, sim, convidar-nos para uma vida a ser partilhada com os pobres. Quer colocar-nos na solidariedade com os pobres. Ela visa à vida, e não à negação da mesma. E ela é política no sentido mais elevado da palavra. A pobreza não é um ideal individual, mas a facilitação para uma comunidade, a condição para que as pessoas de hoje possam viver nesse mundo em paz umas com as outras.

Disposição para doar

Eu entrego a ti

meu sonho
não realizado de vida
e meu medo
de ser abandonado
meu orgulho
de um seminário bem-sucedido
e meu fracasso
num relacionamento
minha capacidade
de organizar
e os limites
de minha força

eu te dou
o que sou
e o que tenho

muito
e pouco
ao mesmo tempo

sementes
botões
flores
frutos
galhos recurvos
folhas mortas

recebe
meus dons
e transforme-os
para que
se tornem bênção

para todas as criaturas
em teu mundo.

Podemos aprender dos pobres que o essencial nos é dado e que não podemos merecer-nos a vida. Jesus chama os pobres de bem-aventurados, porque estão abertos para o Reino de Deus. Sentem-se necessitados da graça de Deus.

Tudo é graça

Os arco-íris
se desfazem

se quiseres
segurá-los

só indo
atrás deles

acompanhado
de chuva e de sol

cheio de esperança
de que ele

se dê

a ti.

A riqueza pode levar a que nos escondamos atrás de nossas máscaras e nos fechemos para Deus. Podemos aprender dos pobres a curtir a vida. Quando os pobres festejam, eles dão tudo o que possuem. São muitas vezes mais hospitaleiros do que aqueles que possuem muito e que têm pena de dar alguma coisa.

A pobreza produz antes de tudo a capacidade de viver comunitariamente. Só quem compartilha seus bens com os outros consegue sentir comunidade. O desprender-me dos meus bens torna possível a comunidade. Toda comunidade é também em certo sentido sempre uma comunidade de bens. Quem depende de seus bens e os protege gananciosamente para que ninguém deles se aproxime vai isolar-se dos demais.

O voto de pobreza não é nenhuma garantia de que eu esteja realmente disposto a dividir o que é meu. Há membros de ordens religiosas que se sentam por assim dizer sobre seus utensílios e vigiam para que ninguém os tome emprestados. Existe a cobiça de ter alguma coisa para si, vigiar sobre a pequena posse para que ninguém dela se aproxime.

Nossos confrades mais jovens tentaram, no tempo de estudantes, em vez de pedir individualmente ao superior um dinheiro para pequenos gastos, dividir entre si seu dinheiro e ter uma caixa comum. Sentiram então como o querer possuir pode bloquear a comunidade. A posse é também o desejo de ter alguma coisa pessoal sua, de não depender de ninguém, retrair-se sobre si mesmo.

Na verdade é bem diferente

> *Deveis de vossa abundância,*
> *não aumentar vossa necessidade.*
> Cf. 2Cor 8,13-14

Deus não quer
de nós
o que
não podemos
não temos
não somos
Ele quer
que aquilo
que nos deu
que nos deu em abundância
nós o passemos adiante

que nós
demos
daquilo
que podemos
que temos
que somos

na verdade
isto
não é

pedir
demais

escutar por alguns minutos
trocar uma lâmpada
escrever uma carta
enviar uma saudação
tomar alguém pelo braço
não esperar compensação por uma boa obra

porque Deus nos
fez participantes de sua abundância:

amor.

    O fatal é que membros de ordens religiosas que fizeram o voto de pobreza e que desejam vivê-la como ideal pessoal são muitas vezes completamente insensíveis em relação à pobreza no mundo e em relação ao dimensionamento político da pobreza. Pobreza significa partilhar a vida com os outros, precisamente com aqueles que estão no lado sombrio da vida. Viver o conselho evangélico da pobreza significa pesquisar e combater as causas da pobreza, significa ousar caminhar na solidariedade com os pobres.

Política

É possível conciliar política e fé? A política não é algo não-cristão? Mais diretamente a pergunta soa assim: é possível fazer política tendo-se presente o Sermão da Montanha? Acho incrível que esta pergunta seja dirigida na maior parte das vezes à política e aos políticos. Não deveria ela ser colocada mais radical-

mente: pode-se ainda viver hoje em dia com o Sermão da Montanha como pessoa individual, na família, na profissão, em escolas, universidades...?

As palavras finais do Sermão da Montanha são: "Ao terminar Jesus estes discursos, a multidão se admirava de sua doutrina, pois Ele os ensinava como quem possui autoridade" (Mt 7,28-29).

Conosco se dá o mesmo que às pessoas no tempo de Jesus. Quem lê com atenção o Sermão da Montanha tem de reagir com admiração, pois se sente desafiado. Os ouvintes que estavam na montanha só se sentiram aliviados quando Jesus desceu. Lê-se na Bíblia: "Seguiram com Ele multidões" (Mt 8,1). No vale, o ar já não era tão rarefeito como na montanha. Já não parece tão caro a nós que gostaríamos de alguma coisa mais barata e algo menos radical.

Eu gostaria de colocar uma contrapergunta: como se pode fazer política sem o Sermão da Montanha?

Johannes Rau,
ex-presidente da Alemanha,
falecido em 2005.

Vai então e negocia

> *Reparte o pão com o faminto.*
> Is 58,7

Dá o que tens
ao que tem menos

dá
com amor
com cuidado
com respeito

dá a rosa
com o pão
não rebaixes a pessoa
pela maneira como dás e pelo que dás

não te faças grande
tornando pequena
a pessoa
por aquilo que dás

e permite
que o faminto te presenteie
com sua dádiva,
ou seja, com a pergunta
por que o faminto
está faminto.

A pobreza como um abandonar das seguranças

Os bens sempre dão à pessoa um sentimento de segurança. Eles a asseguram contra possíveis necessidades e carestia. A segurança é uma necessidade básica do ser humano. Mas sentimos ao mesmo tempo uma insegurança existencial. Não podemos criar para nós a segurança total, nem pelos bens, nem pelo saber e nem por determinadas formas de vida. As seguradoras faturam alto hoje em dia, custam uma fortuna para quem acha que precisa de seguro para tudo. Pobreza significa também abandonar as seguranças.

Para mim, vai contra a pobreza querer assegurar-se contra todos os riscos. A confiança em Deus, que cuida do dia seguinte (Mt 6), deveria ser visível em nosso trato das coisas e do dinheiro. Jesus exorta a deixar as preocupações. Chama a atenção para os lírios do campo e os pássaros dos quais cuida o Pai do céu. Para Jesus, não é a preocupação pelo existencial básico do ser humano, mas a confiança em Deus que cuida de nós. A preocupação leva à intranquilidade e ao ativismo frenético, turva o coração humano. A confiança proporciona liberdade, serenidade e outra qualidade à segurança, isto é, a certeza de estar na mão de Deus.

Tu estás comigo

Sim
tenho medo

eu me sinto
abandonado por Deus

e aí vêm
as lágrimas

e aí está
o medo

e aí fica
a solidão

e eu gostaria
de entender

mas preciso
suportar
andar
passo a passo

viver
o provisório

não enxergar
a meta

entregar-me
à vida

na confiança
de que Tu

estás
comigo.

Na qualidade de celeireiro (administrador) de um mosteiro, percebo diariamente que a necessidade de segurança se enraizou profundamente também nas pessoas piedosas. Ali a piedade não tem a força de marcar o uso do dinheiro. Acontece, antes, que se é levado pelo medo de que tudo nos pode ser tirado. A Igreja se assegura financeiramente muitas vezes bem mais solidamente do que uma empresa pode fazê-lo nos dias atuais. Para mim, seria uma tarefa importante aprender o uso espiritual do dinheiro. A espiritualidade se expressaria para mim precisamente na confiança, e não no medo do futuro e num assegurar-se temeroso contra eventual risco.

Falamos dos lírios do campo, mas não nos atrevemos a assumir dívidas e correr riscos. Lidar espiritualmente com o dinheiro, isto seria para mim um desafio concreto de abandonar as seguranças. Eu corro consciente riscos com minhas aplicações financeiras. E eu sempre imagino que haverei de dançar como Alexis Sorbas se tudo viesse a ruir.

Evidentemente, estar livre de preocupações não significa irresponsabilidade. Quanto maior a comunidade pela qual sou responsável, tanto mais sabiamente preciso analisar aquilo de que ela precisa. Mas é espantoso que mosteiros, onde se faz o voto de pobreza, muitas vezes cuidam bem mais de si e de seu futuro do que as pessoas no mundo secular. Aspira-se a uma segurança que prognostica a todo economista industrial a instabilidade e o medo que estão por trás de semelhante empreendimento comercial. Pouco deixam perceber um trato espiritual com o dinheiro. Lidar espiritualmente com o dinheiro significa para mim servir com ele às pessoas, promover a vida, em vez de a ele se apegar e nele se enterrar.

Dado de presente

Pois dai a César o que é de César e a Deus o que é de Deus.
Mt 22,21

Concedo!
dinheiro é importante
preciso pagar o aluguel
para ter um teto sobre a cabeça
preciso comprar pão manteiga frutas
para que possa viver
e de vez em quando uma garrafa de vinho
preciso autorizar o pagamento
do conserto do carro
e a contribuição sindical
e a receita federal
leva o seu através dos impostos

concedo!
se tiver dinheiro insuficiente
para pagar aluguel
gêneros alimentícios telefone roupas
então o dinheiro se torna mais importante ainda
e se a situação ficar tão grave
que o locador requer meu despejo
por falta de pagamento
o oficial de justiça diante da porta
e eu não podendo mais comprar o necessário para viver
então é sumamente grave
a questão do dinheiro
concedo!

mas apesar disso
o realmente importante não é possível
comprá-lo por mais dinheiro que se tenha
saúde por exemplo
amizade e amor
o alegre canto do sabiá ao anoitecer
o incandescente nascer e pôr-do-sol
o sorriso do amigo
o delicado gesto do vizinho
o verde macio da primavera
as cores matizadas do outono
a fase crescente da lua

mas em todas as necessidades
o dinheiro permanece sendo
um meio terreno de pagamento
e ele mesmo se desmascara
em seu caráter provisório

no Reino de Deus
as contas são diferentes

lá o que conta são
fé
esperança
amor.

Pobreza como um abandonar da propriedade espiritual

Abandonar a segurança significa também um abandonar do conseguido. A pobreza exige que eu não repouse sobre o conseguido, que me garante certa segurança. Nossa pobreza é uma pobreza de peregrinos que vão caminhando sempre ao encontro de Deus e largam toda carga estorvante. Os monges viram em Abraão seu protótipo que saiu de sua pátria e da casa de seu pai, a fim de colocar-se a caminho da Terra Prometida. A vida cristã é essencialmente uma vida de peregrinação. Não temos aqui morada fixa. Nem a família, nem o mosteiro e nem a empresa são feudos sobre os quais nós podemos assentar. Em toda nossa necessidade de lar precisamos sempre tomar consciência de que estamos a caminho e precisamos constantemente prosseguir. A experiência de lar e amparo, que a família e os amigos nos proporcionam, são apenas pensadas para irmos adiante. Para os antigos, a migração era uma imagem de que sempre pisamos nesta terra e a deixamos novamente, para que, migrando, nos transformemos até chegarmos à imagem que Deus fez de nós para si.

Porque eu acredito em ti

A fé é o fundamento do que se espera e a prova das realidades que não se veem. Pela fé, Abraão, ao ser

> *chamado, obedeceu e saiu para a terra que havia de receber por herança, mas sem saber para onde ia. Pela fé, morou como estrangeiro na terra prometida, acomodando-se em tendas, do mesmo modo que Isaac e Jacó, co-herdeiros da mesma promessa. Porque ele esperava uma cidade fundada sobre alicerces, cujo arquiteto e construtor seria Deus.*
> Hb 11,1.8-10

Às vezes
preciso
abandonar alguma coisa

preciso
despedir-me
dolorosamente

sou forçado
ao desconhecido
ao incerto

para que coisa nova
ganhe espaço
outra coisa seja possível

o próximo passo
que leva adiante
para aquilo

do que
não sei
o que será

despedida
é
começo

prazer e luto
desejo e dor
partida e resposta

confiança esperançosa
medo audacioso
sonho exigido de si

despedida
e
começo

abandonar
para poder confiar
no novo

ousar a passagem
arriscar-se
para deixar-se agraciar outra vez

dar o passo
para o incerto

porque
acredito na promessa.

Okay, okay...

> *Enquanto não recebes nova instrução*
> *fica com as antigas.*
> Uma freira idosa.

Farei aqui
o que deve ser feito

mas Tu não podes
proibir-me

de fazê-lo
em toda provisoriedade

eu espero
eu escuto

por favor avisa-me
o que pretendes de mim
estou pronto
estou às ordens

onde queres
utilizar-me?

eu vou
junto

mas por favor
não esqueças:

mudanças também querem
ser organizadas de alguma forma.

Propriedade espiritual, na qual gostaríamos de nos segurar, podem tornar-se os próprios rituais e as regras. Observo hoje muitas pessoas que fogem de seus problemas trilhando com grande energia um caminho que em si é totalmente bom, mas que se torna ideologia quando a pessoa nele se aferra. Há quem precise caminhar todo dia ao menos cinco quilômetros, caso contrário fica com a consciência pesada. Caminhar é bom e alimentação sadia é coisa boa. Mas quando todo meu pensar só gira em torno da preocupação de não ingerir nenhuma substância menos saudável, isto vira um aferrar-se e agarrar-se. Torno-me escravo de minhas próprias regras, rituais e representações.

É sobretudo na meia idade que observo estes mecanismos compulsivos. Na crise da meia idade sofre um abalo a antiga segurança. O que estava reprimido vem à tona, o antigo equilíbrio entra em parafuso.

Muitas pessoas gostariam de que nada disso acontecesse e por isso se agarram ao que sempre foi. Tudo tem de ficar como no tempo antigo. Outras procuram formas exteriores que transformam praticamente em culto como, por exemplo, esporte exagerado ou formas extremas de alimentação sadia. Tudo gira em torno de si e de sua saúde, mas há uma recusa de inserir-se na vida, soltar-se para realmente conseguir viver.

Pobreza significa sempre soltar-se, abandonar suas concepções de vida, de segurança, do êxito na vida para poder engajar-se no novo que Deus nos confia e exige de nós.

Metade do verão

No meio
do verão
não desejar
que volte a primavera

e não temer
o outono

ser consciente da
completa transitoriedade

e confiar nas lembranças
que testemunham visões

olhar para trás
para ver o que está adiante

nenhum medo
do murchar

mas prazer
em amadurecer e aperfeiçoar

e ter coragem
para o próximo passo

e viver o verão.

Propriedade espiritual podem ser também conhecimentos, pensamentos piedosos que desejamos conservar para nós, métodos espirituais de que nos orgulhamos e que não gostaríamos de partilhar com ninguém por medo de que alguém nos pudesse superar. Algumas pessoas querem ter Deus só para si e não dividi-lo com ninguém. Quando rezamos "pai-nosso", confessamos que temos este Deus em comum e não podemos tomá-lo para nós individualmente.

Outras pessoas se prendem a suas experiências do passado, a experiências de Deus, a sentimentos e pensamentos religiosos. Acham que precisam ter sempre a mesma relação com Deus e se prendem à sua imagem de Deus sem perceber que esta imagem se torna rígida e demonizada. Nós devemos abandonar constantemente nossas imagens de Deus, caso contrário ficaremos espiritualmente no mesmo lugar. Da imagem de Deus depende também a autoimagem. Se eu me recuso a abandonar a imagem de Deus, também não me desenvolvo pessoalmente. Deus é um Deus-êxodo que deseja tirar-nos de toda dependência, de toda detenção. Deus vai conosco em nosso caminho e se nos mostra de maneira nova e imprevisível. Mas só podemos encontrar este Deus totalmente outro se estivermos dispostos a abandonar nossas imagens velhas de Deus. Nossa relação com Deus precisa mudar. Quanto mais avançamos em idade, mais simples ela será e mais simples se tornará nossa oração.

Apaixonadamente

> *Sai e põe-te de pé no monte diante do Senhor. Eis que Ele vai passar. Houve então um grande furacão, tão violento que rasgava os montes e despedaçava os rochedos diante do Senhor, mas o Senhor não estava no vento. Depois do vento houve um terremoto, mas o Senhor não estava no terremoto. Depois do terremoto houve fogo, mas o Senhor não estava no fogo. Finalmente, passado o fogo, percebeu-se o sussurro de uma*

> *brisa suave e amena. Quando Elias a percebeu, cobriu o rosto com o manto e saiu, colocando-se na entrada da caverna.*
> 1Rs 19,11-13

À procura
de ti

quarenta dias
e
quarenta noites

e então
despedaçam-se sonhos
na tempestade

quebram-se imagens
no terremoto

queimam-se esperanças
no fogo

só agora
é possível
meiga carícia

cresce silenciosa
uma força suave

e pode
encontrar-te
em mim.

Os monges primitivos entenderam por pobreza em espírito um ser pobre de ideias terrenas e, mesmo, um ser pobre de ideias piedosas. Pobreza de espírito significa abandonar minha curiosidade. Não preciso saber tudo o que acontece neste mundo. Preciso ser solidário. E minha solidariedade exige também informação. Mas existe também uma curiosidade que só quer saber muito, sem entender e sem compartilhar. O mestre Siluam, do Monte Atos, achava que podia entender e amar as pessoas também sem ler jornal. Quanto mais se conhecia a si mesmo, mais se sentia unido aos demais seres humanos.

Há momentos

> *Somos uma parte desta terra.*
> Cacique dos índios Seattle.

Há momentos em que estou enamorado desta terra, da natureza, da criação, das pessoas. São momentos em que me sinto um com Deus e o mundo, momentos em que há "concordância". Não há mais limites entre mim e os outros, mergulho num mar de ternura, eu me perco, eu me derramo, eu deixo, um ser um com a pedra, com o animal, a planta, a pessoa – ser um. É uma sensação, um pressentimento, um sentimento de que estou no fluxo da vida, de ser uma parte desta criação. Nesses momentos, meus limites não valem mais, e também não preciso mais deles.

Valiosos e preciosos são tais momentos. Não se deixam "produzir", não se deixam comprar por dinheiro e não se deixam prender. São dádivas, dádivas de um outro mundo que podemos designar pelo nome "Deus". Mas, ao mesmo tempo, este outro mundo nesses momentos é o meu mundo – Deus está em mim, e eu estou em Deus. Isto eu só o posso receber com gratidão.

Os monges desenvolveram o método da *ruminatio*, o ruminar poucas palavras da Sagrada Escritura para viver concretamente a pobreza em espírito. Limitavam-se a poucas palavras de oração. Prendem o espírito e o abrem para Deus.

Existe também uma procura espiritual por sempre novos métodos e caminhos que se opõe à pobreza. Não preciso ter experimentado todos os caminhos e conhecer todas as técnicas. É suficiente que eu me decida por um caminho e nele me torne cada vez mais amplo e aberto. O decisivo não é qual método eu escolho, mas a maneira constante de nele perseverar. Todo método espiritual me leva a um desfiladeiro pelo qual devo passar para chegar a Deus.

O místico alemão Johannes Tauler procura explicar isto na alegoria da cobra. Ela procura duas pedras para serpentear através delas e, assim, descascar sua pele velha, a fim de que a pele nova possa respirar. Da mesma forma, todo caminho espiritual nos conduz a um desfiladeiro. Ele nos tira a pele velha, que se tornou rugosa, para que uma pele nova possa recobrir o homem novo.

Hoje em dia, muitas pessoas trocam de métodos espirituais quando seu caminho as leva para um dilema. Mas, assim, nunca progridem em seu caminho, nunca encontram o verdadeiro Deus. Sua pele torna-se cada vez mais grossa e impenetrável e esconde sempre mais a imagem primordial que Deus fez delas para si.

Segundo nascimento

> Deus nos proteja da calosidade dos sadios incuráveis, daquele tipo de pessoas diante das quais até mesmo o espírito de Deus fica perplexo e não encontra nenhuma entrada, porque tudo está tapado com seguranças e garantias cívicas.
> Alfred Delp

> Como pode nascer alguém que já é velho?
> Jo 3,4

Des-camuflar
des-nudar
des-cobrir

tirar

a camuflagem
a roupa
a cobertura

des-amarrar
tirar
as amarras

desatamento
nascimento
vida nova

soltar as amarras
sair
dos ligamentos
para uma
nova
vida

para
ver
o Reino de Deus.

Vem, Espírito divino

Vem, Espírito divino
envia a nós, cegos,
o raio de tua luz

Tu, doador e dom
pai dos pobres
luz dos corações

fortalecimento e consolo
hóspede de nossa alma
refrigério e força

repouso na necessidade
refúgio na angústia
consolo no perigo

luz radiante
enche o interior
do coração dos fiéis

se teu raio faltar
naufragamos nós, seres humanos,
mergulhamos no nada

purifica o que está sujo
umedece o que está seco
dá saúde aos doentes

amolece o ressecado
dá calor ao que tem frio
mostra o caminho ao errante

dá aos que confiam
a plenitude dos dons
a plenitude da força:

o amor perene
um final feliz
e alegria em Deus.

Stephan Langton. "Veni Sancte Spiritus".

Pobreza como libertação de si mesmo

Na pobreza, trata-se em última análise de abandonar a si mesmo. Muitas vezes eu mesmo estorvo meu caminho. Prendo-me em mim e me impeço de crescer para a forma que Deus intencionou fazer de mim.

E muitas vezes estorvo o caminho de Deus. Não consigo abrir-me para Ele porque estou cheio de segundas intenções. Gostaria de usar Deus para mim. Gostaria de conseguir alguma coisa dele.

Esperança inabalável

Um dia
vai cair
de mim
tudo que me prende
que me amarra
que esconde
a verdade
de mim

um dia
serei compreendido
e haverei
de compreender.

Pobreza significa abandonar suas segundas intenções, ficar livre dos interesses pessoais que se misturam em tudo que fazemos, inclusive em nossa oração e em nossa relação com Deus. Esta pobreza nos liberta para nos dedicarmos totalmente ao nosso semelhante e a Deus sem o desejo de ter. Só quando estiver disposto a abandonar o meu eu, que sempre quer ajuntar e dominar, posso descobrir meu autêntico si-mesmo, a imagem que Deus fez de mim para si.

Mostra-se então na pobreza a lei espiritual que Jesus formulou e sem a qual não existe verdadeira vida. "Pois quem quiser salvar sua vida, vai perdê-la, mas quem perder sua vida por amor a mim, há de encontrá-la. O que adianta alguém ganhar o mundo inteiro, se vier a perder a própria vida?" (Mt 16,25-26). "Se o grão de trigo não cair na terra e não morrer, ficará só; mas se morrer, produzirá muito fruto" (Jo 12,24).

Eu sou a uva

Eu sou a videira, vós sois os ramos.
Jo 15,5

Ele é a videira
nós somos os ramos
Ele é
e nós nos tornamos
e passamos
Ele fica

e nós somos cortados
espremidos

Ele se entrega
e nós nos tornamos
vinho

Ele se torna homem
e nós somos
seu sangue

Ele é Deus
e nós somos
transformados

nós somos
o fruto
de Deus

e Deus
produz fruto
em nós.

O último "abandonar"

A conversa ao telefone de ontem à noite ainda me preocupa: "aprendi que agora tenho de abandonar", disse a mulher que há dois anos vinha batalhando pela vida de seu marido com câncer. Seu marido havia cansado de tantas consultas e cirurgias – e não queria mais viver. Mas não conseguia morrer. Para esta senhora foi um processo doloroso, em que aprendeu com muita dificuldade que há um tempo de lutar, mas que a qualquer hora chega também o ponto em que simplesmente só se pode "abandonar".

Este é talvez o maior, último e o mais difícil "abandonar" – deixar que se vá uma pessoa querida. E às vezes pode ser exatamente este o grande e último serviço de amor que se presta a uma pessoa – deixá-la partir, não retê-la por mais tempo. Quando seu caminho significa deixar-se cair agora nas mãos de Deus, porque já não quer, já não deseja, já não acha que sua vida tem algum valor – talvez então seja este de fato o caminho. E então também não me colocarei em oposição, só porque meus desejos são outros. Isto pode ser penoso. Mas com este serviço torno a ida da pessoa mais fácil – quando ela quer realmente partir. Caso contrário só protelo inutilmente a vida até agora vivida com minha luta de segurá-la ao máximo.

A morte de uma pessoa amada é a prova máxima se aprendi minhas lições da vida. Sou forçado sempre de novo a abandonar, não segurar mais. O primeiro dia no jardim da infância, o primeiro dia de aula, o(a) primeiro(a) amigo(a), saída do lar – nas crianças isto se torna bem mais nítido. E se não abandonarmos, tornamos impossível certos passos evolutivos da vida. Algumas pessoas simplesmente seguram porque querem prender o outro, porque derivam do aparente "ser usado" sua identidade, porque usam o outro para satisfazer suas próprias necessidades.

Tenho de abandonar sempre de novo o(a) amigo(a). Ele(a) não é minha propriedade – amar significa também dar à outra pessoa sua liberdade: a liberdade de ser outro, de sentir e querer de forma diferente. Mesmo que me doa... estar preso(a) "na gaiola do amor", isto não é especialmente atrativo sobretudo quando alguém está destinado à liberdade.

E para chegar a ser quem eu poderia ser tenho de abandonar algumas imagens de mim, livrar-me de algumas expectativas, – e também não posso manter as imagens que fiz de Deus se Ele é de fato o totalmente outro.

Liberdade e abandonar condicionam-se mutuamente – tudo o que eu retenho está preso e prende ao mesmo tempo – a mim a aos outros.

Ocorre-me esta bela passagem do Antigo Testamento em que Jacó luta com o poder divino: "Não te soltarei se não me abençoares" (Gn 32,27). Posso abandonar, quando o outro promete coisa boa. Prometendo coisas boas, posso abandonar. Prometer coisas boas pode significar confiança, esperança, amor – e colocar o outro na liberdade dos filhos de Deus.

E assim pode acontecer também com o último e mais difícil abandonar: dou à outra pessoa a liberdade de seguir seu caminho – mesmo que eu tenha desejado outra coisa. Se for para o bem dela, que possa ir – e que, por favor, não me leve isto a mal.

Eu a deixo ir, e a entrego à liberalidade de Deus.

Em teu caminho

Em meio à tempestade de areia
e apesar disso
não construir casa alguma

cansado do caminho
e apesar disso
viver perguntas

resmungar de desejo
e apesar disso
ser ternura

deixar-me machucar
e apesar disso
confiar no prazer

morrer minhas mortes
e apesar disso
arriscar a vida

    não abandonar
    na luta noturna
    à beira do rio.

Em sua última instância, pobreza significa ficar livre de si mesmo(a), deixar-se despojar por Deus e ser aberto para Deus, que deseja morar em nós. Georges Bernanos descreveu esta forma de pobreza no diário de um pároco de aldeia. Ao fim de seu caminho, o fracassado sacerdote sentiu-se privado de Deus, roubado de suas ilusões, defraudado de seus ideais sacerdotais. Deus lhe tirou tudo para abri-lo para Ele e sua graça em sua pobreza total. Rezava assim o pároco da aldeia pouco antes de morrer: "Agora estou totalmente despojado, Senhor, como só Tu sabes despojar, pois nada escapa à tua providência atemorizante, a teu amor atemorizante" (BERNANOS. *Diário de um pároco de aldeia*).

History and Infinity

Ou:

da limitação
de meu passado
sair

para o ilimitado
de meu futuro

às vezes
paro
e chego a observar

vejo
a mim mesmo
a viver
por um momento
estou ao lado de mim
e me vejo

e vejo
minha
vida

e nesse momento
não imagino
mais nada
eu me abro
e reconheço
que estou nu e não sou nada

e
eu
me assusto

aí está minha casa da vida
vida vivida
devidamente em pedras de construção talhada

belamente encaixadas
vigas de madeira
grandes e pequenas

tudo muito conveniente e prático
bem segundo as normas da construção
mas de certo modo enfadonho

e manifestamente enganador
em direção ao céu
tire apenas uma viga

e tudo
cairá sobre si
em ruínas
observo espantado
em vista da limitação
aquilo que eu vivi

e eu ouso aparecer
estou nu
mas sinto a amplidão

ali existe ar
e espaço
e horizonte

vacilante
sai a luz
detrás das nuvens

e aqui está
um pressentimento
do ilimitado

e eu me sinto
puxado para fora
rejeito mas quero também

e ali está o mar
e eu não vejo
nenhuma ilha

e ali está o céu
e eu vejo
nuvens

e mesmo assim
aparece
a luz

ela me atrai
ela me chama
e eu vou
ao encontro
da
vida

se
meu ânimo
for suficiente.

CAPÍTULO III

Castidade
"Entregar-se"

O próprio nome do terceiro conselho evangélico já causa certa dificuldade. Na maioria das vezes é identificado com "celibato", outras vezes com "virgindade" ou então com "castidade". Nenhum desses três conceitos atina bem com o que este conselho evangélico quer significar – mas em todos está oculta uma conotação importante. Por isso é necessário primeiro pesquisar um pouco essas palavras e conceitos.

O termo "celibato" exprime a renúncia ao casamento. É, portanto, mais um conceito negativo, que se define a partir de seu contrário. Mas como não desperta tantas emoções negativas como os conceitos de "virgindade" e "castidade", é preferido hoje na teologia das ordens religiosas. Fala-se então do celibato por amor ao Reino dos Céus. Tem portanto um objetivo. Através dele é para se tornar visível neste mundo alguma coisa da proximidade de Deus, impor-se alguma coisa do poder de Deus entre nós, seres humanos.

O celibato precisa servir a um objetivo maior. Por amor ao Reino dos Céus pode significar que eu, por meio do celibato, abra espaço em mim para que Deus domine em mim e que eu, através de Deus, entre em contato com minha singularidade.

Pode significar também que o poder de Deus se torne visível em torno de mim, que eu lute por este mundo e deixe transparecer

Deus no espaço em que vivo, que insira Deus nas estruturas de meu meio ambiente.

Lord, here I am

Senhor, aqui estou

> Se alguém vem a mim e tem mais amor ao pai, à mãe, à mulher, aos filhos, aos irmãos, às irmãs e mesmo à própria vida do que a mim, não pode ser meu discípulo.
> Lc 14,26

Para Ângelo, no dia de sua ordenação.

De repente
em meio ao cotidiano
um pressentimento
certeza incerta

fico inquieto
algo em mim deseja
pressiona para sair
inexplicável

sou impelido de cá para lá
um passo à frente
outro atrás
mas sinto de qualquer maneira

eu me defendo
eu fujo
fecho os ouvidos
mas o pressentimento fica

medo
apodera-se de mim
isto não pode ser
Tu não podes visar a mim

eu queria só
um pouco
e Tu me queres
de repente todo

é claro – já te amo
mas não haverá um pouco mais de tempo
poderíamos talvez algum outro dia
ou abordar um outro

tenho muito a fazer
Tu estás vendo
e eu nem sei mesmo
se quero

mas Tu forças
Tu impulsionas
Tu inquietas
Tu desejas

Tu questionas minha vida
Tu és o desejo
Tu me importunas
Tu estás mais próximo de mim do que eu

o sussurrar continua
Tu me queres

e no reconhecer isto
cresce o sofrimento

tenho a impressão
de que te decidiste por mim
– e eu me decido
por ti

com todas as dúvidas
toda miséria
com todo medo
– e plena confiança

eu me entrego a ti
com todo medo
e eu grito de dor
porque Tu me queres

Tu te colocas em meu caminho
não consigo evitar-te
e também não sei
se quero fugir de ti

deixa
pai e mãe
casa e bem-estar
abandona
dinheiro e bens
renuncia
a poder e riqueza

não leves nada
em teu caminho
abandona tudo
o que te prende

confia no pressentimento
torna-te desejo
deixa-te franquear
sê feliz

sê íntegro
na afirmativa e na resposta
serenidade e paixão
ser pessoa e confiar em Deus

nosso Deus
é um Deus ciumento
Ele te quer todo inteiro
e eu posso
ser inteiro
porque Ele me quer.

O celibato não significa viver apenas para si e preocupar-se só com a própria perfeição, mas está voltado para toda a comunidade. Não tem em mira só a sua própria família, mas a grande família da humanidade. O conceito de celibato não se restringe só às pessoas de congregações religiosas, mas a um aspecto que toda pessoa pode viver.

Libertado para a vida

> Ele me enviou para trazer aos pobres uma boa-nova, para proclamar aos aprisionados a libertação, aos

cegos a recuperação da vista, para pôr em liberdade
os oprimidos, e para anunciar um ano da graça do
Senhor.
Lc 4,18-19

A mensagem
vale para você
para mim
e para nós
vida
vitalidade
vida em plenitude
libertação
salvação

nós somos
convidados
para a vida

para a vida em plenitude

você
eu
nós
a promessa
vale
para nós

liberto para a vida
libertar outros para a vida
encargo missão vocação
deixar-se envolver no serviço

assumir responsabilidade
perceber a conduta
a serviço das pessoas
a serviço de Deus

engajar-se em sua tarefa
expor-se por seu nome
confiar na vida
por força de sua palavra

e
vivê-la
com
muita confiança.

 Certa vez fui convidado pelos solteiros da comunidade dos pietistas para uma conferência sobre o celibato como opção de vida. A princípio não quis aceitar, pois achava que nós, monges, entendíamos por celibato outra coisa bem diferente do que os solteiros pietistas que ficavam mais ou menos por acaso solteiros. Mas a mulher que me havia convidado não desistiu. Ela achava que, se um monge se decidira conscientemente pelo celibato ou se alguém ficara simplesmente solteiro por outras razões, algum dia cada um tinha de dizer sim à sua forma de vida e procurar caminhos que a fizessem viver seu celibato com sentido.
 Percebi que a diferença entre meu "celibato por amor ao Reino dos Céus" e a vida de um solteiro não era tão grande assim. Tenho de renovar sempre de novo minha decisão que tomei quando tinha 19 anos e trazê-la para minha situação atual. E um solteiro tem de entender-se também com o seu viver só e dizer sim a ele para que possa ir vivendo bem.

Decidir-se

> *Com indecisão no coração*
> *existe amargura na alma.*
> Wolfram von Eschenbach, "Perzival".

Decidir-se por alguma coisa
porque alguém
se decidiu por mim
porque alguém se tornou pessoa
para que eu possa ser pessoa
porque alguém me ama
para que eu possa amar
porque alguém se entrega
para que eu possa viver
porque alguém se dá
no pão e no vinho
para que fique em nós
para que nos preencha

decidir-me por aquele
que me considera
como sou
que me quer
como sou
que diz seu sim
que o julga obrigatório
que se deixa comprometer
e que deseja minha decisão

Deus e ser humano
Tu e eu
é claro

que esta decisão
também traz solidão
porque ela separa
porque diz não
aos outros e às outras coisas
porque todo sim é ao mesmo tempo não
porque algumas pessoas sacudirão a cabeça
porque algumas pessoas não entendem
porque algumas pessoas não querem entender
mas esta decisão
prende-se também
a todos
que se decidiram por isso
não estás sozinho
em teu caminho
mesmo que tenhas que trilhá-lo sozinho

Deus vai junto
e pessoas te acompanham
e Tu andas
teu caminho
e não aquele
dos outros

Tu te decides
pelo caminho que desejas seguir
e quando o inicias
já terás chegado
em ti
nas pessoas
em Deus

e estarás em casa
ali haverá um lar

"há um caminho
que ninguém trilha
se Tu não o trilhares"

é o teu caminho
teu caminho com Deus

e teu caminho
com as pessoas.

"Celibato" pode ser uma qualidade que também se aplica aos casados. Eu não me defino então a partir de meu casamento, de meu cônjuge, de meus filhos, mas a partir de Deus. E eu levo o meu para dentro do casamento. Fico também totalmente eu mesmo(a) no casamento. No mais profundo, minha fecundidade no casamento eu a recebi também de Deus.

"Celibato" é uma atitude que me deseja colocar em contato com minha missão profética. Todo cristão é sagrado profeta no batismo. Ser profeta significa que eu descubra a palavra que só eu tenho que anunciar ao mundo, que eu formule no pano de fundo de minha história de vida, de minhas forças e fraquezas, a mensagem que só pode ser expressa através de mim assim como sou.

Para que estou no mundo?

As perguntas mais fáceis são às vezes as mais interessantes. Mas a resposta nem sempre é tão simples como parece... Houve um tempo em minha vida em que não saberia dar uma resposta a essas perguntas. Houve tempos e certamente os haverá em que a própria pergunta não se fará mais presente, tempos em que me perco no evidente, no trabalho, no dia a dia. Por outro lado, quando minha resposta, uma vez encontrada, corresponde à pergunta, pode ela me levar através desses tempos.

Em meu caminhar, duas frases me marcaram profundamente e se tornaram minha resposta: "Enviou-me para anunciar a boa-nova aos pobres, para proclamar aos aprisionados a libertação, aos cegos a recuperação da vista, para pôr em liberdade os oprimidos e para anunciar um ano da graça do Senhor" (Lc 4,18-19) – para mim foi uma libertação, quando ficou claro que estas frases serviam para mim. Sou libertado para a vida, abrem-se meus olhos, vale para mim a boa-nova de que Deus quer minha vitalidade. Deus diz seu "sim" inconfundível para mim, Ele me intenciona, Ele me quer. Sou convidado para a vida.

A segunda frase é tirada de um texto de Werner Sprenger: "Existe um caminho que ninguém trilha se você não o trilhar" – esta frase encontrou-me numa fase de indecisão e mudou radicalmente minha vida. Desde então tornou-se melodia básica de minha vida e fiquei bem alerta para a pergunta se eu estava seguindo meu caminho que nenhum outro podia seguir.

Essas duas frases são minha resposta à pergunta que soa bem simples – uma resposta que se tornou para mim programa de vida: estar vivo sem "mas" nem "quando", sentir-me em todos os altos e baixos, poder viver – e fazê-lo de todo o coração – sempre de novo procurar aquele caminho todo só meu, encontrá-lo às vezes e por ele andar – talvez. Andar o caminho bem inconfundível que me foi confiado por Deus – e andá-lo na fidelidade a Ele. Os caminhos de Deus são caminhos de vida.

E então, um dia, poder dizer com Pablo Neruda: "Eu confesso, eu vivi".

Este conselho evangélico traduz-se às vezes também com o termo "pureza" (*puritas*).

Pureza significa ter um sentimento por aquilo que é correto. Ser puro quer dizer ser franco, transparente para Deus, sincero nas intenções, leal. Na tradição, a pureza foi vista unilateralmente como controle do instinto sexual. Nos escritos espirituais mais recentes, a pureza é entendida como atitude de "viver a sexualidade segundo o ordenamento do coração" (*Praktisches Lexikon der Spiritualität* – manual prático da espiritualidade). Mas nesse conceito ainda ressoa a vinculação com a sexualidade. Na verdade, pureza significa uma atitude que engloba o ser humano total. Viver um amor puro significa para São Bento vivê-lo sem segundas intenções, sem motivos falsos, sem desejo de conquista. Em última análise, pureza significa o que Cassiano chama de pureza de coração, a sinceridade e permeabilidade para com Deus.

Em grego, pureza (*hagneia*) significa respeito e limpeza do culto. Viver puro significa ser terno, delicado, respeitoso, prudente, atencioso. Pureza sempre tem a ver com totalidade incólume de fazer e com a nova força que ela dá. Pureza era para os gregos o pressuposto da força necessária para o atleta e o soldado, por exemplo.

Em latim, pureza significa abstinência e pureza de costumes. O puro é o "iniciado e confidente da vontade dos deuses". Entende-se pureza como a capacidade de unir espírito e instinto, paixão e razão, viver conscientemente o desejo... uma "potência espiritual" que põe as pessoas em contato com forças novas, antes insuspeitas.

Você me cativou

> *Melhor é a fragrância de teus perfumes*
> *teu nome é um perfume refinado*
> *por isso as jovens de ti se enamoram.*
> Ct 1,3

Você me
cativou
tocou
confundiu

quero confiar
mas tenho muito medo
de me entregar
mas não consigo me soltar

estou vacilante
porém com vontade
eu espero
mas estou decidido

estou inseguro
contudo bem certo
tenho medo
mas estou pronto

conceda-me
uma palavra
diga-me
a palavra

e eu irei
por onde
você for.

Também o conceito de virgindade é traduzido de modo negativo a meu ver. Muitas pessoas pensam logo em mulheres assexuadas, em solteironas que não estão em contato com sua sexualidade. Originalmente, virgindade significa "o frescor, a beleza da mocinha amadurecendo". É, portanto, um conceito positivo, que descreve a juventude e vida em flor. Etimologicamente, a palavra virgindade vem de virgem (*virgo*), de *vireo*, ou *viresco*, isto é, ficar verde, brotar, ficar forte. Também os homens, que se abstêm do ato sexual são chamados virgens. *Virgo* tem a ver com puro, sem mistura, intacto, não usado, fresco, novo. Significa a pessoa que é totalmente ela mesma, que não se deixa levar pelas expectativas dos outros, mas que vive por si, sem desgaste.

E eu cantarei na dança de roda

Minha força
és Tu
meu amor
meu caminho

meu canto
és Tu
minha esperança
minha luz

meu sonho
és Tu
minha força
meu escudo

meu poço
és Tu
minha fonte
meu rio
Tu me sacias

Tu me proteges
Tu me acalmas

Tu me abrigas
Tu me desafias
Tu confias em mim

Tu acreditas em mim
Tu não me abandonas
Tu és meu Deus

vivo
por meio
de ti.

Recentemente, a teologia feminista definiu de forma nova o conceito de castidade. Entende-se a castidade como indisponibilidade. A virgem se torna fecunda por parte de Deus e não da parte do homem. Vive a partir de si e de sua imediatidade com Deus. Está livre de toda definição estranha. Não se define mais como mulher de, filha de, mãe de, mas como virgem, como mulher autônoma que repousa em si e que se torna fecunda por si e por meio de Deus.

E bem simplesmente feliz

Feliz daquele que se compraz
na lei do Senhor
e recita sua lei dia e noite.
Ele é como árvore
plantada à beira da água corrente:
produz fruto a seu tempo
e sua folhagem não murcha.
Sl 1,2-3

Eu sou
eu me sinto
eu percebo
que estou vivo

fios
se entrelaçam
raízes encontram
o chão

dedicação
torna-se missão
e doação
obrigação
um sonho
recebe rosto
e se espelha
em faces

perguntas
tornam-se respostas
e a busca
cessa de vez

sob meus pés
cresce o chão
em minhas mãos
amadurece o futuro

e eu
sou

e
serei

bem simplesmente
feliz.

No monacato elogia-se a coragem masculina de muitas virgens. As virgens são exaltadas por sua bravura, por enfrentarem sozinhas a luta contra os demônios. São consideradas as mães dos monges, *amas*, mulheres que possuem a força espiritual e se distinguem sobretudo como confessoras, com um sentir especial das feridas das pessoas que vêm a elas pedir conselhos. À virgem é associada no monacato a imagem da pessoa íntegra e fecunda. A virgem torna-se fecunda para os seres humanos a partir de Deus. A pessoa virgem – seja homem ou mulher – está em contato com sua imagem autêntica, com sua missão profética.

Let it go

> *Maria perguntou ao anjo: Como acontecerá isso, pois não conheço homem? Em resposta, o anjo lhe disse: O Espírito Santo virá sobre ti e o poder do Altíssimo te cobrirá com sua sombra; é por isso que o menino santo que vai nascer será chamado Filho de Deus. Até Isabel, tua parenta, concebeu um filho em sua velhice, e este é o sexto mês daquela que era considerada estéril, porque para Deus nada é impossível. Disse então Maria: Eis aqui a serva do Senhor. Aconteça comigo segundo tua palavra.*
> Lc 1,34-38

Quando a gente acredita
que Deus age

então é o ponto
em que se deve abandonar

então é o tempo
em que se deve deixar partir

é hora
de reconhecer

que seus planos são maiores
que Ele me quer

é hora
de deixar crescer

e não ficar
no caminho de Deus

então simplesmente
se pergunta

pelo meu sim.

 Outro entendimento do terceiro conselho evangélico é esperar, vigiar, estar pronto para aquele que vem para preencher o meu desejo mais profundo, para aquele que me permite ficar inteiro com o noivo com o qual eu gostaria de me tornar um. Na castidade, trata-se de reconhecer que não me basto a mim mesmo, que afinal espero em Deus que me torna são e salvo, que satisfaz meu desejo, que acalenta meu amor.

Aqui estou eu

Aqui estou
Deus
Tu dizes tua palavra
aqui estou
Tu me chamaste
aqui estou
Tu me chamaste pelo meu nome
aqui estou

passo a passo
caminhando em direção a ti
abandonando o passado
confiado em tua promessa
entregando-me
deixando-me entusiasmar
inflamar
aqui estou

Senhor,
estou
diante de teu altar
e eu me ofereço
a ti

eu me entrego
eu me dou
eu procuro
e me encontro

eu digo "sim"
e
sou
oferenda
torno-me
pão e vinho
para ti
para as pessoas

eu me dou a ti
transforma-me.

Nenhum conceito exprime satisfatoriamente o que se entende exatamente pelo conselho evangélico de castidade, celibato, pureza ou virgindade. Por isso não me interessa tanto o conceito, mas a vida real. Poderíamos muito bem traduzir a natureza da castidade com a palavra "entrega". Na castidade trata-se, em última análise, de entregar-se a Deus, que me gostaria formar e expressar em mim a imagem que Ele fez de mim para si. Castidade significa entregar-se à forma que desejaria que se manifestasse em mim, entregar-me à vida que Deus gostaria de me dar e desejaria crescer em mim. Castidade significa confiar-me ao Deus que me marca, que me fecunda, que me faz florir, que gostaria de nascer em mim. Eu deixo a Deus qual a imagem que deseja formar em mim e qual a marca que deseja imprimir em minha vida. Se eu me entregar a Deus, que gostaria de manifestar sua imagem em mim, fico livre também de todas as imagens que as outras pessoas gostariam de me impor. A castidade como entrega conduz à originalidade, ao não adulterado, ao autêntico, à verdade. Entrega é ao mesmo tempo doação: eu me entrego a Deus, eu lhe dou minha vida, eu me entrego a Deus em benefício deste mundo. Eu me deixo tomar a serviço em prol deste mundo. Mas entrega significa também liberdade. Eu deixo a Deus o que Ele faz comigo. Deixo a Deus a liberdade de dispor de mim e colocar-me lá onde gostaria que eu estivesse, mandar-me para onde eu possa colaborar com minha maneira específica para a transformação do mundo.

Uma pessoa de Deus

Como passageiro em
portas abertas não
ternura introduzir
como parada provisória
o desejo de
descanso como morte desmascarar

ao desejo
nenhum descanso permitir-se
não instalar seu
coração em nada e
tudo abandonar
e sempre de novo
partir disposto
ficar só é
reunir forças no descanso
para o próximo passo
que leva
para diante
passageiro.

Dedicar-se à comunidade

Na tradição de todos os povos, pessoas não casadas viveram em comunidade e formaram comunidade. Foram sobretudo os fundadores de ordens e congregações religiosas que viram que seu carisma era formar uma comunidade que desse uma resposta adequada às necessidades de sua época, uma resposta que às vezes brotava da meditação pessoal da Sagrada Escritura. Sempre houve um movimento que transformou uma época toda. Basta olhar para o movimento monástico do século III e IV que deixou sua marca naquele período. Ou pode-se pensar nas comunidades beneditinas que influenciaram o Ocidente. Ou nas comunidades franciscanas que deram sua resposta evangélica ao feudalismo nascente.

Também em nossa época, comunidades emergentes dão sua resposta a questões candentes de nosso tempo como, por exemplo, as "Missionárias do próximo", congregação fundada por Madre Teresa de Calcutá, que respondeu à necessidade dos moribundos na Índia, ou na "Comunidade de Taizé", fundada por Irmão Roger, que visa ao trabalho com jovens para infundir-lhes esperança neste mundo. No celibato por amor ao Reino dos Céus está a vocação de colocar-se à disposição deste mundo, auscultar e sentir suas interrogações e necessidades e responder a elas com uma vida toda.

Chamado?

Mas
eu
não

o vigário
talvez

alguma pessoa
de ordem religiosa

alguém
que entende de fé
algo de teologia

chamados
são apenas
os outros

mas
eu
não
mas chamado
não vem escrito
em maiúsculas

chamado
não é ele ou ela
e depois e lá

chamado
é agora e aqui
e você e eu

e se escreve
muito simplesmente
com letras minúsculas

chamado
não é mais
nem menos

do que dar resposta
a um chamamento

dar resposta com aquilo
que eu sei e posso

com aquilo
que eu sou

uma palavra de consolo
aos tristes e aflitos

vinho e pão
levar ao altar

na secretaria da paróquia
anotar intenções de missas

explicar
a Palavra de Deus

outra vez
fazer o almoço

colaborar na
limpeza da igreja

recolher o recipiente
de cola vazio

dizer uma palavra gentil
à balconista da padaria

preparar tudo
para o culto divino

arrumar os paramentos
do sacerdote

no círculo dos amigos
ser flexível na opinião própria

traçar o sinal da cruz
na testa do doente

falar ao neto
de Deus

fazer um bolo
para a festa da igreja

sepultar
uma pessoa

tornar possível
uma transformação

chamado
não é
ele ou ela
e depois e lá

mas aqui e agora
e você e eu

chamado
é minha resposta
à Palavra de Deus

é com
minha vida

dar resposta
ser resposta

àquilo
que Deus

quer
de mim

àquilo
que Deus

quer
para mim.

"Celibato" pode ser também uma qualidade das pessoas casadas. Penso nesse caso, por exemplo, em Martin Luther King. Ele era casado. Mas não se dava por satisfeito em ter um casamento feliz. Sentia uma missão profética que o arrastou para a responsabilidade pela nação toda. Sonhava que brancos e negros pudessem andar juntos o mesmo caminho. E, devido a este sonho, deu a vida a um movimento que mexeu com toda a América.

"Celibato" consiste em auscultar sua missão profética e então entregar-se a ela de corpo e alma. Dessa entrega, dessa doação nasce a comunidade que pode movimentar o mundo.

Resposta à resposta

Cativado
pela palavra
e no serviço

chamado exigido
até o limite
do ser
e
às vezes

para além
disso

e
mesmo assim

querer
ser assim
para
tornar-se

vida
aqui
e
agora

assim
e não
diferente

dizer sim
pensar sim
ser resposta
doar-se

e então, por favor
não se queixar

que ele toma
que ele exige
que ele quer
que eu seja.

Entregar-se à fecundidade

Castidade significa em primeiro lugar renúncia ao intercurso sexual. Em todas as religiões existiu uma castidade limitada por certo tempo: antes da batalha ou, no Islã, antes e durante a peregrinação. Muitas vezes pratica-se a abstinência sexual diante de decisões vitais "para incorporar forças espirituais". Mas as tradições religiosas conhecem como caminho para a perfeição, além da abstinência, também o ato sexual como participação no mistério da criação. Sexualidade tem sempre a ver com fecundidade, seja que eu a vivencie como sexualidade genital, ou que, como solteiro(a), atribua outras formas à sexualidade.

Amando-te e por ti ser amado(a)

És um jardim fechado, minha irmã e minha noiva,
um jardim fechado, uma fonte selada.
Tuas plantas são um pomar de romãzeiras
com frutas deliciosas:
Nele há alfena e nardo

> *nardo e açafrão, canela e cinamomo,*
> *toda espécie de árvores de incenso,*
> *mirra e aloés, com os melhores bálsamos.*
> *És fonte de jardins,*
> *um poço de água corrente,*
> *um ribeirão que desce do Líbano.*
> Ct 4,12-15

Eu me sinto
eu respiro
eu vivo
eu sou

em mim pulsa
se agita
salta
vocifera

eu me confio
eu me apresento
eu me sacrifico
eu me dou

movimentado por ti
tocado por ti
repleto de ti
amado por ti

e em mim brota o verde em milhares de variações
encontram-se de modo novo todas as cores
projetam-se frutos
e cresce a vida dentro de mim

sou flor e odor
botão e fruto
folha e tronco
raiz e espiga

amando
a ti
e por ti
amado

sinto-me
forte
sem hesitação
vivo.

 Numa conversa com o conde Dürckheim, uma freira disse que não tinha problema com sua sexualidade, ela a havia congelado. O conde disse apenas que dava para perceber isto. A sexualidade congelada fecha a pessoa, torna-a infrutífera, dura, frustrada. A castidade significa outro tipo de fecundidade. Não é aquela fecundidade que o homem oferece à mulher nem a mulher ao homem. A pessoa casta torna-se fecunda por parte de Deus, ela produz fruto por si mesma. Isto não vale só para pessoas celibatárias. A castidade é a atitude de que não recebemos nossa mais profunda fecundidade por meio de outras pessoas, mas de Deus, de que descobrimos em nós a fonte da vida, a fonte do espírito divino, que jorra em nós e nunca se esgota. Cada um de nós tem dentro de si esta fonte de infinda fecundidade. Castidade significa entregar-se a esta fonte que jorra em mim e por meio da qual me torno fecundo(a), sem me esvaziar jamais.

Quase um grito

> Jesus disse: mas quem beber da água que eu lhe der jamais terá sede. A água que eu lhe der será nele uma fonte que jorra para a vida eterna.
> Jo 4,14

Deus,
Tu tens a água da vida

dá-me dela
para que o deserto em mim fique verde
dá-me dela
para que o duro em mim fique macio
o amor possa crescer
a esperança lance raízes
a fé não seque

Deus,
dá-me a água da vida
e deixa que se torne
em mim fonte borbulhante
fonte
que nunca se esgota

e dá-me o ânimo
de levar aos outros
a água da vida
de não trancá-la dentro de mim
com diques e muros

mas espargi-la
doá-la

dividi-la
dá-me
a água da vida.

> *Existe uma força no espírito que só ela é livre. Às vezes eu disse que é uma centelha. Mas agora eu digo: não é isto nem aquilo. Contudo é um algo. Está livre de qualquer nome e despido de qualquer forma, solteiro e livre, assim como Deus é solteiro e livre em si mesmo. É tão completamente um e simples como Deus é um e simples. Nesta força floresce e verdeja Deus com toda sua divindade.*
> Mestre Eckhart

Rega o que vai secar

> *Serei um orvalho para Israel:*
> *ele florescerá como o lírio,*
> *lançará raízes*
> *como o cedro do Líbano.*
> Os 14,6

Nas horas escuras
da noite
quando não se sabe mais ir adiante
quando não se quer mais ir adiante

quando se tem medo
do calor do dia
da luz ofuscante
do sol inclemente

ao novo dia

nas horas escuras
da noite

recebo de presente
a vida

ela me rega
ela me alimenta
ela se importa comigo
ela me ama

ao encontro do novo dia

para que eu
floresça em direção ao céu
se eu
tiver raízes na terra.

Algumas pessoas acham que precisam sempre de outras pessoas para sentirem sua fonte. A castidade é o pressentimento de que eu sou fecundo(a) em mim mesmo(a), de que entro em contato com a fonte em mim através da meditação e oração. Não preciso ficar sempre esperando pelos outros, não preciso depender deles.

Naturalmente podemos aceitar como dádiva o fato de descobrirmos em nós nova vitalidade através do encontro com uma pessoa. Mas quando a fonte da vida só borbulha quando a outra pessoa está conosco, então ficamos de certa forma dependentes, o que contradiz a nossa dignidade.

Doar-te livre

Evidentemente
a lição
foi difícil

e teve de ser repetida
várias vezes

mas amor
e amizade
não têm nada a ver
com direitos e obrigações
com reivindicações processuais

amor e amizade
intencionam o outro
e lhe querem bem
não abusa
não desobjetiva
confia e deixa ser

deixa livre
não prende
não prescreve
não decreta
deixa que o outro
seja o outro

não amarra
amor e amizade
a condições
ou exigências
deixa ser e tornar-se
e crescer

e caminha junto
e está aí

não permite que o característico
se torne separador
e quer libertar
e fortificar

abandona
onde é necessário
e está aí
quando é anunciado
e confia
incondicionalmente

que Tu podes
lidar corretamente
com isto

mas tem
às vezes
um pouco de medo.

 Entregar-se à sua fecundidade significa também abrir à sexualidade o espaço que lhe cabe, que corresponde à sua natureza. Quem reprime ou corta sua sexualidade torna-se frágil e quebradiço. Mas se irradiarmos vitalidade, se transbordarmos de ideias, se tivermos prazer em fazer alguma coisa, encontrar pessoas, então é sinal de que assumimos e integramos nossa sexualidade.

 Acompanho sempre de novo pessoas depressivas que caem em depressão porque reprimiram e recalcaram sua sexualidade desde a infância. Falta-lhes uma força importante da vida, uma fonte decisiva de vitalidade e fecundidade. Quando conseguem entrar em contato com sua sexualidade, posso ler nos rostos como adquirem novo vigor e como se tornam mais belas interior e exteriormente.

Tu me consideras

> *Como és bela, como és atraente,*
> *ó amor, com tais delícias!*
> Ct 7,7

Tu me consideras
e descobres em mim
    o que eu mesmo nunca vi

Tu me dizes
coisas boas e eu estou
    surpreso, perplexo

Tu estás enamorado de mim
e eu não consigo
    entender isso

Tu me queres
como eu sou e eu
    duvido, hesito

Tu atrais e seduzes
me convidas e eu
    fico para trás

tuas carícias surpreendem
tua adulação esquenta
    Tu pensas realmente em mim

não sou tão belo
nem tão amável posso ser
    se teu sim se referir realmente a mim

Tu me enfeitas
e eu permaneço
    trêmulo e quieto.

    Castidade e pureza indicam um modo bem determinado de se lidar com a sexualidade. Eu entendo minha sexualidade como força divina, que gostaria de me conduzir para além de mim mesmo(a), que me gostaria de dar parte no mistério do amor divino, da força criadora de Deus. Viver castamente sua sexualidade é um caminho tanto para solteiros quanto para casados. Isto significa que não gozo da minha sexualidade às custas de outras pessoas, que não me utilizo de outras pessoas para sentir minha sexualidade, mas que cresço para além de mim em minha sexualidade a fim de estar totalmente com a outra pessoa, de me tornar um com ela. Uma vez que na sexualidade existe sempre também um potencial transcendental (Jellouscheck), viver castamente a sexualidade significa, em última análise, no tornar-se um com a outra pessoa, sentir uma qualidade numinosa, pressentir o mistério do próprio Deus de amor. Para a pessoa solteira, viver castamente sua sexualidade significa que a ela se dedica de tal forma que ela a leve a superar-se e a conduza para Deus.

Tempo de amar

O amor não pergunta
se é oportuno
ou importuno
é tempo

não pergunta
por esperança
e futuro
é tempo

não pergunta
pela opinião
dos outros
é tempo

de alguma forma
de repente
está aí
é tempo

ele vem
com rosas
com lágrimas
é tempo
ele vem
e você não consegue
se defender
é tempo

é tempo
de entregar-se ao amor
sentir a vida
viver o amor

na mais profunda gratidão.

Entregar-se ao amor

A castidade não é um ideal ascético, mas um caminho de amor. Paulo diz que ele consagra os fiéis como uma virgem a Cristo, que nós mesmos nos tornamos na fé uma virgem que se une a seu esposo, Cristo. Fala-se desde os tempos remotos da virgem sempre no contexto do amor. Ela é a esposa amada de Cristo que se estende para Ele com todas as suas forças a fim de amá-lo.

A castidade se caracteriza por uma cultura própria do amor. O amor casto não deseja possuir, não precisa de laços. É um amor que não reprime nem exclui a sexualidade, mas que a vive de modo diferente da moda de hoje. A castidade é responsável por uma cultura do amor erótico que está aberta para a força atrativa dos sexos, que é capaz de se alegrar na outra pessoa sem precisar desejá-la, conquistá-la, ou querê-la para si. Trata-se, pois, de uma cultura própria e de ternura que, bem vividas, retribuem com generosidade.

Chamado sedutor

> *Levanta-te, minha querida, vem comigo, minha formosa!*
> *Eis que o inverno já passou, passaram as chuvas e se foram.*
> *Aparecem as flores na terra, chegou o tempo da poda.*
> Ct 2,10-12a

No escuro da noite
esperar ansiosamente
pelo chamado suave
de sua voz

estremecer acordada
hesitar com alegria

perguntar esperar duvidar
ter certeza

sonho imagens
invento palavras
confio nos sonhos
mas tenho também um medo indizível

escuta! Ele vem!
um pressentimento um sussurro
e ser bem silenciosa
para ouvi-lo

intimamente seduzida
o som de sua voz
me torna fraca
e indizivelmente forte

me atrai
me seduz
à festa dos sentidos
ouvir ver cheirar saborear

e sentir-te
todo delicadeza
e deixar-me sentir
por ti.

Sobre o casamento

Amai-vos, mas não façais do amor uma algema: deixai que seja antes um mar ondulante entre as margens de vossas almas.

Enchei o cálice um do outro, mas não bebei de um cálice só. Dai um ao outro do vosso pão, mas não comei do mesmo pedaço. Cantai e dançai juntos e sede alegres, mas deixai que cada um seja ele(a) mesmo(a) sozinho(a), assim como as cordas de um alaúde estão sós, mas vibram com a mesma música.

Doai vossos corações, mas não sob a tutela do outro, pois só a mão da vida pode abarcar vossos corações. E ficai juntos, mas não pertos demais: pois as colunas do templo são independentes umas das outras; e o carvalho e o cipreste não crescem à sombra de outra árvore.

Khalil Gibran. *O profeta*.

O fascínio do começo

De qualquer modo
ainda bem vigoroso
um pouco inocente
e sobretudo não habituado

pressentir a proximidade
a convivência
a confiança
a amizade

e de qualquer modo
maravilhoso
e de qualquer modo
inseguro

do que precisa a proximidade
para crescer
de que limites
precisa a distância

e eu me
experimento
e eu me tateio
para além de ti

eu me arrisco
e preciso de teu Tu
para encontrar
o nosso nós.

> *Ou não sabeis que vosso corpo é templo do Espírito Santo, que está em vós e que recebestes de Deus?*
> 1Cor 6,19

Psicólogos como Walter Lechler lamentam que hoje não exista mais uma cultura de amor inter-humano. Quando se é mais carinhoso com alguém, acredita-se ter logo o direito de ir para a cama com o(a) parceiro(a). O carinho é visto como preâmbulo para o intercurso sexual e não como valor em si. Por isso, Walter Lechler valoriza tanto em sua clínica um trato carinhoso que não tem medo do contato, mas que exclui conscientemente o contato sexual. Para ele, isto é um fator curativo de sua terapia. É um amor que trava relações com alguém, que deixa este alguém chegar bem perto, que o abraça e o sente corporalmente, mas sem querer possuí-lo ou dele cobrar alguma coisa. Ele fala de "sexualidade *versus* sensualidade", da transformação da sexualidade em sensualidade. Nós precisamos aprender a ser pessoas sensuais, perceber este mundo sensualmente, sentir um ao outro com todos os sentidos. Quanto mais sensual eu for, tanto mais posso usufruir e tanto melhor posso deixar livre a outra pessoa. Não vou colar-me a ela nem cobrar nada, mas, sentindo-a, deixá-la livre. A castidade seria então... não fuga da sexualidade, mas transformação em novas formas de amor e de carinho.

Modesto

> *Terás de ser uma arte silenciosa assim.*
> Rainer Maria Rilke

Brisa suave
murmúrio baixo
lisonja delicada
carinho agradável

irresistível
encantador
simpático
sedutor

flores desabrochando no galho
chamado atraidor de um pássaro
lua em quarto crescente
o sussurro do vento

bem ternamente
deixar-me
tocar
por você.

Faz parte da saúde de uma pessoa a capacidade de ter boas relações humanas, de amar e ser amada. Aelredo de Riveaux, um monge da Idade Média, diz em seu livro sobre o louvor à amizade: "Viver sem amar alguém ou ser amado por alguém está abaixo da dignidade humana". O conselho evangélico da castidade poderia ser traduzido hoje também como louvor à amizade, como cultura da amizade.

Na Antiguidade, muitos filósofos e teólogos cantaram louvor à amizade. Santo Agostinho diz: "Sem amigo, nada nos parece amigável". Os místicos nos deram o exemplo de uma nova qualidade da amizade, uma amizade que se transforma em sacramento do amor divino, no qual eu descubro na presença do amigo algo da face carinhosa de Deus. Nossa época seria muito pobre se conhecesse apenas a relação sexual ou a relação profissional. A amizade entre homens, entre mulheres, e entre homem e mulher enriquece a convivência humana.

A alta consideração da amizade é sempre sinal de uma cultura bem desenvolvida. Quantos poemas líricos, quantas partes mais melodiosas de uma música, quantas pinturas e esculturas não se devem a uma amizade? A sexualidade sublimada é para Sigmund Freud simplesmente o fato gerador da cultura.

Na castidade está contida a ideia de que podemos viver nossa sexualidade também de modo diferente do que dormir com alguém, que ela pode tornar-se fonte de amizade e amor, fonte também de cultura e criatividade.

Callas

A luz da lua
cai cintilante no mar

ondas batem
na praia

>   quanto mais profundamente a lua
>   vai ao encontro do mar

    mais estreita
    fica sua faixa

isto é
vida

    para quem tem sob o olhar a morte
    torna-se essencial

a lua
na noite seguinte

estará
novamente no céu

    tudo aquilo
    que é realmente importante

    não vai e
    nem pode morrer

só às vezes
subtrai-se à nossa vista

    e não há necessidade de nenhuma palavra mais

    nós estamos indizivelmente
    perto uns dos outros.

O amor ao qual nos entregamos na castidade é um amor impregnado de eros. Não é puramente espiritual, mas traz em si a força da paixão, a força do Eros. Ele tem asas como Eros, instiga como Eros, fecunda como Eros. Contra a pura espiritualização, a castidade oferece um amor erótico e contra a sexualização de todos os relacionamentos humanos, a cultura do Eros. Ela aprecia a picante tensão entre homem e mulher e colabora na construção da cultura do eros.

Allegro

> *Volta, volta, Sulamita!*
> *Volta, volta, para que nós te*
> *contemplemos!*
> *O que vedes na Sulamita,*
> *quando dança entre dois coros?*
> Ct 7,1

Meu amor por ti
é terno e distraído
sensato e engenhoso
selvagem e duradouro
cauteloso e impulsivo

facilidade com tons escuros
distração com seriedade insondável
ternura com desejo insaciável
provocar-te e
deixar-me contemplar

nenhum címbalo nem trombeta
mas harpa e flauta
corno e flauta pastoril
e contudo no fundo
o tambor

provocação com persistência
convite ao jogo
entregar-me ao ritmo
ser melodia
seduzir com tons suaves

tons suaves
com sutileza

dentro disso
há música.

Entregar-se a Deus

Nascimento de Deus no ser humano

A castidade é em primeira linha uma atitude religiosa: a abertura para o ser um com Deus. Por isso a castidade chega à sua perfeição na mística. A teologia cristã primitiva viu em Maria um modelo de todo cristão. Maria é virgem e mãe ao mesmo tempo. Assim como ela gerou Deus, é dever de toda alma humana tornar-se geradora de Deus.

O nascimento de Deus é um conceito da mística e designa o tornar-se um com Deus e tornar-se o novo através de Deus. Quando me torno um com Deus, torno-me novo eu mesmo, entro então em contato com minha verdadeira natureza, com a imagem não falsificada que Deus fez de mim para Ele.

O nascimento de Deus significa que eu me entrego tão radicalmente a Deus, que Ele pode nascer em mim, que pode criar dentro de mim um espaço de silêncio no qual Ele mora e a partir do qual Ele transforma todo meu ser como no processo do nascimento.

Nascimento de Deus

> *Por que Deus se tornou homem? Para que eu me tornasse deus.*
> Mestre Eckhart

> *Mesmo quando não queremos,*
> *Deus amadurece.*
> Reiner Maria Rilke

Quando entro
em mim

e abandono
as coisas externas

quando o barulho
cessa

e os pensamentos
se aquietam

quando passo do falar
para o ouvir

do fazer
para o ser

quando eu me
posiciono

e não mais
fujo

só então
pode Deus

vir
ao mundo

em mim

através de mim

até os seres humanos.

    Mestre Eckhart relaciona o nascimento de Deus no ser humano com o silêncio. O silêncio casto, uma quietude que não é atingida pelo barulho das pessoas, intocada também por meus próprios pensamentos e planos, é o pressuposto de que Deus pode nascer em mim, de que no mais íntimo eu me torno um com Deus. Escreve Mestre Eckhart: "No ser mais profundo da alma, no cintilar da razão acontece o nascimento de Deus. No mais puro, mais nobre e delicado que a alma pode oferecer ali deve acontecer: naquele silêncio mais profundo, onde não chegou nenhuma criatura e nenhuma imagem"

Somente então

Não por mais tempo
fugir
através de
falar
fazer
agir

no silêncio
eu

me colocar
para Deus

deixar-me
tranquilizar
por Deus.

 Mestre Eckhart descreve no lugar silencioso da alma a natureza da castidade: o ser inviolado, o puro e o terno, o intacto. O silêncio é a experiência da incolumidade e sinceridade. João Cassiano chamou este estado da pessoa de *puritas cordis*, pureza do coração. Quer significar com isso uma sinceridade que é totalmente transparente para Deus, que não é manchada por considerações e planos humanos, por intrigas e segundas intenções.
 Todos os místicos concordam que a castidade significa em última análise este lugar inviolável em mim, que não é tocado pelas expectativas e exigências das pessoas, intocado também pelas próprias paixões e necessidades, intocado também por pecados e culpa. Os antigos Padres da Igreja viam também como essência das pessoas castas o que viam em Maria. Também nós – assim dizem eles – não fomos tocados pelo pecado original. Existe em nós um espaço onde o pecado original não chegou. É o seio virginal em nós, no qual Deus também quer nascer em nós, o seio que é tirado do pecado também de nós em consideração a Jesus Cristo, que é intacto e puro. Nós somos como Maria, "escolhidos em Cristo antes da constituição do mundo, para sermos santos e irrepreensíveis diante dele no amor" (Ef 1,4). Existe em nós algo de virginal que, como em Maria,

só gostaria de ser preenchido por Deus, no qual também Deus pode assumir forma em nós.

Magnificat

Minha alma engrandece o Senhor
    grande és Tu, meu Deus
    e grandes são tuas obras
    maravilhosamente criaste a terra
    e maravilhosamente me formaste
    no ventre de minha mãe
    Tu fizeste o dia e a noite
    água e solo
    céu e terra
    plantas e animais
    quando contemplo, admirada, tuas obras
    vejo, admirada, tua grandeza

e rejubila meu espírito em Deus, meu Salvador
    Tu disseste sim para mim
    Tu quiseste minha vida
    Tu te revelaste a mim
    Tu te doaste a mim
    do reino da morte
    chamaste-me para a vida
    Tu te entregaste
    para que eu vivesse

porque olhou para a humildade de sua serva
    ó Deus, Tu te inclinaste para mim
    para ti não fui insignificante demais
    para ti não fui fraca demais

    para ti não fui pequena demais
    para ti não fui feia demais
    Tu me olhaste
    assim como sou
    e eu deixei
    que Tu me olhasses

Eis que de agora em diante me chamarão feliz todas as gerações
    Tu, Deus, procuras as pessoas
    e eu me deixei encontrar por ti
    e eu ando meu caminho contigo
    e eu contarei isso aos meus filhos
    e aos meus netos
    e eu cantarei e escreverei sobre isso
    e louvar e exaltar
    e calar
    e viver
    e ser
    e assim ser
    que me perguntem
    pela razão de minha esperança

porque o Poderoso fez por mim grandes coisas
    Ele me chamou
    Ele me intencionou
    Ele me quis
    Ele veio a mim
    e fez de mim seu templo
    Ele em mim
    e eu nele
    ou não sabeis
    que sois templos de Deus?

o seu nome é santo
> "eu sou o que sou"
> foi assim que te revelaste a teu povo
> Tu és o
> "eu vou junto"
> Tu és o
> "eu era antes de ti e serei depois de ti"
> e teu nome precisa continuar santificado
> e Ele precisa do mistério
> no qual possamos morar
> e não devemos usar teu nome em vão
> para conseguir poder sobre ti
> para poder manejar-te
> para te possuir
> que permaneça santo
> o teu nome

Sua misericórdia passa de geração em geração
> sempre de novo
> sempre poder começar de novo
> nunca mais terminará
> semeadura e colheita
> frio e calor
> verão e inverno
> dia e noite
> Deus não terminou sua obra
> começa sempre de novo

para os que o temem
> Ele começa sempre de novo
> para os que nele acreditam
> e também para aqueles

    que ainda não acreditam nele
    "temor" – isto nada tem a ver com medo
    um Deus que ama os seres humanos
    não é preciso ter medo dele
    Ele começa sempre de novo
    para os que nele acreditam
    que têm respeito dele
    que não querem tomar posse dele
    que não abusam dele como instância de serviço
    e Ele começa sempre de novo
    para os que o perderam
    e talvez também se tenham perdido
    mas: "Tu, ó Deus"
    devem já dizer...

Mostrou o poder de seu braço
    nada de discursos bonitos
    nenhum prospecto a quatro cores
    nada de conversa fiada
    ações poderosas
    Deus age
    sempre quando e onde
    a gente o deixa agir
    onde não me coloco em seu caminho
    quando o deixo agir em mim
    aconteça em mim segundo tua palavra

e dispersou os que se orgulham de seus planos
    orgulho e ambição
    querer poder tudo sozinho
    querer fazer tudo sozinho
    eu mesmo como Deus

    querer mostrar a todos
    quem se é
    e como se é
    isto torna solitário
    isto separa de Deus
    e das pessoas
    e faz corações
    de pedra

Derrubou os poderosos de seus tronos
    quem toma para si o poder
    sem que este lhe seja dado
    este cairá
    quem a si mesmo se dá a honra
    a este lhe será tirada
    quem a si mesmo se exalta
    este será humilhado
    e quem se senta no primeiro lugar
    a este será indicado o último

e exaltou os humildes
    os fracos são fortes
    e os pequenos ficam grandes
    o que parece sem valor
    recebe dignidade
    o que passa despercebido
    recebe consideração

e o feio se torna belo
    porque Deus
    abraça
    o que é fraco

    o que é pequeno
    o que não tem valor
    o que não é percebido
    o que é feio
    e o coloca em seu coração

Encheu de bens os famintos
    ao faminto
    pode-se dar
    ao nostálgico
    o sonho
    ao solitário
    o amor
    ao enlutado
    o consolo
    ao emudecido
    uma palavra
    e pão e vinho
    a todos que procuram Deus

e os ricos despediu de mãos vazias
    quem tudo tem
    a este não é possível dar mais nada
    a quem não tem sede
    não se pode dar de beber
    quem não tem fome
    não terá prazer na comida
    quem não tem perguntas
    não precisa de respostas
    e quem não tem nenhum desejo
    não precisa de nenhuma promessa

Acolheu Israel, seu servo
    Ele acolhe aqueles
    que o chamam de Deus
    que lhe dão o poder
    que se colocam a seu serviço
    que reconhecem sua penúria
    que se deixam referir a Deus
    que são seres humanos
    e que não confundem isto com "ser Deus"

lembrando-se de sua misericórdia
    sempre quando e onde
    uma pessoa clama a Deus
    vive a lembrança da aliança
    vive a esperança na promessa
    Deus é lembrado
    na aliança e na promessa
    e vida em abundância
    e começo novo
    e fé, esperança, amor
    e Ele diz sim

Conforme o que prometera a nossos pais,
em favor de Abraão e de sua descendência para sempre
    Deus e homem
    homem e Deus
    uma história de amor
    uma história de esperança
    um desejo
    um sonho

tornado homem
tornado amigo
em Jesus Cristo

uma palavra
uma promessa
se encarna

desenvolve
seu corpo
dentro de uma mulher
torna forte o que é fraco
torna grande o que é pequeno

e eu viverei
eternamente viverei.

Na Igreja primitiva, a mariologia é sempre uma teologia mística. Maria é imagem da alma humana que se torna mãe de Cristo. Castidade como atitude, que se refere a todo cristão, é o acento da dimensão mística de nossa vida. Todo cristão é místico por vocação. Pois nossa vocação mais profunda consiste em apresentarmos a Deus nosso seio virginal, o seio que não maculamos com nossas próprias ideias e desejos, o seio de nosso desejo e amor, o seio de nosso silêncio, para que o próprio Deus nasça dentro dele, para que nos tornemos dentro dele um com Deus. Tornar-se um com Deus, esta é nossa vocação máxima.

O conselho evangélico da castidade quer lembrar-nos sempre de novo que não nos menosprezemos, que não nos limitemos à dimensão moral do cristianismo, mas que façamos justiça à nossa vocação mística. Deus quer nascer também em mim. Resta saber apenas se eu lhe confio meu seio, se na meditação e no silêncio sempre fico livre de tudo aquilo que se gostaria de fixar em mim, para que Deus se possa fixar em mim, para que Deus possa tomar forma em mim e transformar-me totalmente em sua imagem.

Eu me apresento

> *E trarás no teu coração todas estas palavras que hoje te ordeno.*
> Dt 6,6

Realizado
tocado
movimentado

ficar ali
ficar muito bem
levantar

descanso e estímulo
chamado e partida
discurso e resposta

de todo o coração
de toda a alma
com toda a força.

Bênção

Vem
nós te pedimos

vem
abençoar-nos

sê nossa luz
nas trevas

sê nosso tom suave
em meio ao barulho

sê a voz
que lembra

sê a mão
que toca de leve

sê o espírito
que me faz respirar

sê
meu Deus

conduze
e dirige-me

estou pronto
a seguir

o teu
caminho

ao encontro
da vida.

Citações bíblicas

Gn 32,27
Ex 3,10
Dt 6,6
2Sm 12
1Rs 19,11-13a
Sl 1,2; 87,7; 88,14; 131,2
Ct 1,3; 2,10-12a; 4,12-15; 7,1; 7,7
Is 58,6-8; 58,7
Jr 7,22-23
Os 14,6

Mt 6; 7,7; 7,28-29; 8,1; 12,36; 13,44; 16,25-26; 19,12; 19,21; 22,21
Mc 10,21; 10,21-22
Lc 1,34-38; 1,46-55; 4,18-19; 9,58; 14,26
Jo 3,4; 4,14; 6,38; 10,10; 12,24; 15,5; 15,9-17
At 2,44-46
Rm 8,18-22; 10,2-4
1Cor 6,19; 7
2Cor 8,13-14
Ef 1,4
Fl 2,8
Hb 5,8-9; 11,1; 11,8-10

CULTURAL

Administração
Antropologia
Biografias
Comunicação
Dinâmicas e Jogos
Ecologia e Meio Ambiente
Educação e Pedagogia
Filosofia
História
Letras e Literatura
Obras de referência
Política
Psicologia
Saúde e Nutrição
Serviço Social e Trabalho
Sociologia

CATEQUÉTICO PASTORAL

Catequese
Geral
Crisma
Primeira Eucaristia

Pastoral
Geral
Sacramental
Familiar
Social
Ensino Religioso Escolar

TEOLÓGICO ESPIRITUAL

Biografias
Devocionários
Espiritualidade e Mística
Espiritualidade Mariana
Franciscanismo
Autoconhecimento
Liturgia
Obras de referência
Sagrada Escritura e Livros Apócrifos

Teologia
Bíblica
Histórica
Prática
Sistemática

VOZES NOBILIS

Uma linha editorial especial, com importantes autores, alto valor agregado e qualidade superior.

REVISTAS

Concilium
Estudos Bíblicos
Grande Sinal
REB (Revista Eclesiástica Brasileira)

VOZES DE BOLSO

Obras clássicas de Ciências Humanas em formato de bolso.

PRODUTOS SAZONAIS

Folhinha do Sagrado Coração de Jesus
Calendário de mesa do Sagrado Coração de Jesus
Agenda do Sagrado Coração de Jesus
Almanaque Santo Antônio
Agendinha
Diário Vozes
Meditações para o dia a dia
Encontro diário com Deus
Guia Litúrgico

CADASTRE-SE
www.vozes.com.br

EDITORA VOZES LTDA.
Rua Frei Luís, 100 – Centro – Cep 25689-900 – Petrópolis, RJ
Tel.: (24) 2233-9000 – Fax: (24) 2231-4676 – E-mail: vendas@vozes.com.br

UNIDADES NO BRASIL: Belo Horizonte, MG – Brasília, DF – Campinas, SP – Cuiabá, MT
Curitiba, PR – Fortaleza, CE – Goiânia, GO – Juiz de Fora, MG
Manaus, AM – Petrópolis, RJ – Porto Alegre, RS – Recife, PE – Rio de Janeiro, RJ
Salvador, BA – São Paulo, SP